Bernadette Suter

Vywamus
Sei der Erde ein Licht

Antworten auf Fragen unserer Zeit

Haftung

Die Informationen dieses Buches sind nach bestem Wissen und Gewissen dargestellt. Sie ersetzen nicht die Betreuung durch einen Arzt, Heilpraktiker oder Psychotherapeuten, wenn Verdacht auf eine ernsthafte Gesundheitsstörung besteht. Weder Autorin noch Verlag übernehmen eine Haftung für Schäden irgendwelcher Art, die direkt oder indirekt aus der Anwendung des Inhalts dieses Buches entstehen könnten.

Bitte fordern Sie unser kostenloses Verlagsverzeichnis an:

Smaragd Verlag
In der Steubach 1
57614 Woldert (Ww.)
Tel.: 02684-97848-10
Fax: 02684-97848-20
E-Mail: info@smaragd-verlag.de
www.smaragd-verlag.de

Oder besuchen Sie uns im Internet unter der obigen Adresse.

© Smaragd Verlag, 57614 Woldert (Ww.)
Deutsche Erstausgabe Januar 2011
© Cover:
© Liga Lauzuma – Fotolia.com
© Sean Gladwell – Fotolia.com
© Joerg Schwanke – Fotolia.com
© Svetlana Romanova – Fotolia.com
Umschlaggestaltung: preData
Satz: preData
Printed in Czech Republic
ISBN 978-3-941363-33-5

Bernadette Suter

Vywamus
Sei der Erde ein Licht

Antworten auf Fragen unserer Zeit

Smaragd Verlag

Über die Autorin

 Bernadette Suter hat zwei erwachsene Kinder und lebt in der Schweiz.

Nach langjähriger Tätigkeit im Bereich der Energiearbeit entschloss sie sich 2002, die Schule und Praxis für Heilmethodik und Medialität Vywamus zu gründen. Unterdessen wurde diese Praxis und Schule zu einer Gemeinschaftspraxis erweitert: Vywamus Cosmic Light and Bodywork. Mehr Informationen finden Sie unter

www.vywamus.ch.

Im vielseitigen Angebot unterrichtet Bernadette den natürlichen Umgang mit medialer Wahrnehmung, und in speziellen Workshops kann der Channelingprozess unter der liebevollen Führung ihres geistigen Führers und Begleiters, des Kosmischen Meisters Vywamus-Lenduce und der Meister der Kosmischen Weißen Bruderschaft, erlernt werden.

Widmung

Dieses Buch widme ich meinen Kindern und ihren Partnern Massimo und Jasmine, Melanie und Nicolas, und meinem süßen Enkelkind Nevio, über die ich mich jeden einzelnen Tag von Herzen freuen kann, meinem Mann Daniel, der mir in der Endrunde, auf der Zielgeraden, mit viel Liebe immer wieder Mut gemacht hat, vor allem auch den Mut, herauszutreten. Meinen Eltern und Geschwistern und all jenen, die mich auf meinem Lebensweg begleitet haben. Die an meiner Seite waren und geduldig meine Veränderung miterlebt haben. Sie alle haben mich unterstützt und mich durch ihr Wesen, ihre Liebe und Offenheit viel gelehrt.

Inhalt

Wie kam es zu diesem Buch?

Liebe Leserinnen und Leser,

wie es eben so ist, soll ich nun etwas über mich erzählen und wie ich zu diesem Buch gekommen bin. Diese Zeilen fallen mir wesentlich schwerer, als das ganze restliche Buch zu schreiben.

Ich bin ein ganz normaler Mensch. Ich stehe morgens auf und betrachte mich im Spiegel, und wie es einem so geht, wenn ich dann in mein zerknittertes Gesicht schaue, habe auch ich manchmal etwas Mühe, das, was ich da sehe, schön zu finden. Doch da ist ein kleiner Funke, der mich anschaut und mir sagt: Ist doch alles nicht so wild. Beruhigt mache ich mich dann auf, stöhne über den übervollen Wäschekorb oder über die Ballen an Katzenhaaren, die über Nacht auf dem Boden liegengeblieben sind, kann mir aber mein Leben ohne meine beiden süßen Mitbewohner, meine Katzen, gar nicht mehr vorstellen. Mit Genuss widme ich mich meinem Frühstück.

Darauf folgt jeweils ein Schmunzeln über mein Stöhnen, das dem Schweren hier auf der Erde gilt, wie zum Beispiel mein Körpergewicht, die Momente in meinem Leben, in denen auch ich mich manchmal alleine oder nicht verstanden fühle usw., und mache mich auf und lasse mich auf das Leben und den Tag ein. Ein ganz normaler Tag also.

Halt, stopp!

Ein ganz normales Leben? So mancher, der mich kennt, denkt, ich hätte gar kein normales Leben, weil ich ja in diesem sehr direkten Kontakt mit den lichtvollen Welten bin. Sie meinen, es müsste ja für mich alles gar kein Problem sein, da ich ja nur Fragen zu stellen brauche und dann die Antworten "einfach so bekomme". Nun ja, die Antworten kommen schon, aber sie sind nicht immer so, wie ich sie hören möchte.

Denn das, was meine lieben Freunde aus dem Licht wollen, wenn sie mir antworten, ist, dass ich durch ihre Begleitung selbst auf meine Antworten komme. Ehrlich gesagt, reagiere ich dann auch schon einmal bockig. Aber ihre Liebe für mich, für das Leben selbst und für Alles-was-ist ist so echt und spürbar, dass ich dann doch lieber einlenke und gerne bereit bin, meine Aufgaben zu erfüllen, meinen Weg zu gehen und meinen Plan zu vollenden.

Ein Teil dieses Plans, und das spüre ich ganz deutlich, ist dieses Buch, das Sie, liebe Leserinnen und Leser, jetzt in Ihrer Hand halten. Eines weiß ich: Diese liebevollen Wesen oder Aspekte der göttlichen Quelle, wie Sie sie auch nennen können, haben mit mir gelacht, mit mir gefühlt, wenn ich traurig war, mich aufgemuntert, wenn ich nicht mehr wollte, mir dort Kraft gegeben, wo ich müde war, mich manchmal sogar getragen und, wenn ich bockig war, geschmunzelt und verständnisvoll gewartet, bis mein Widerstand in ihrer Liebe dahingeschmolzen ist.

Und das haben sie nicht nur für mich getan, das tun sie für alle Wesen, auch für Sie. So bin ich mir sicher, dass wir immer begleitet sind, wir alle. Und dass wir, wenn wir diese liebevollen Präsenzen einladen, an unserem Leben teilzuhaben, sie auch kommen und uns überall dort ihre Hände reichen, wo wir Halt brauchen, damit wir an ihrer Hand lernen, uns durch unsere eigene Kraft aus der Situation herauszubewegen. Diese Erfahrung erfüllt uns mit Selbstvertrauen und Würde.

So ist also mein ganz normales Leben in der Verbindung mit den feinstofflichen Ebenen nicht viel anders als Ihr ganz normales Leben, liebe Leserinnen und Leser. Der einzige Unterschied besteht vielleicht darin, dass nicht alle Menschen diese Gegenwart so deutlich wahrnehmen, wie ich das mittlerweile darf. Dennoch sind die Lichtwesen da und warten nur darauf, dass Sie sie in Ihr Leben einladen. Ihre Liebe und ihren Segen lassen sie gleichsam allen Wesen allezeit zukommen. Dort, wo das Herz offen ist und diese Liebe annimmt, können echte Wunder geschehen.

Öffnen Sie Ihr Herz und laden Sie diese liebevollen und lichtvollen Wesen ein, an Ihrem Leben teilzuhaben. Die Dinge geschehen, wie sie geschehen, und jeder Moment ist in sich vollkommen, ob er sich nun gut anfühlt oder weniger. Doch mit der Begleitung der Lichtwesen können wir die guten Momente noch intensiver genießen und die anderen leichter nehmen, daraus lernen und dann wieder loslassen, um weiterzugehen auf unserem Weg zum Selbst.

Wir alle stellen Fragen. Fragen über uns selbst, über unsere Nächsten, über das, was noch kommen wird, und oft auch über das, was geschehen ist, weil wir es verstehen wollen. Und an und ab erinnern wir uns auch an das globale Geschehen und fragen uns Dinge wie: Was ist der Sinn des Weltlichen oder Wo ist Gott eigentlich? usw.

Diese Fragen nach dem Sinn stellen sich Kinder, Erwachsene, junge und alte Menschen gleichermaßen, denn deshalb sind wir ja hier. Wir fragen uns gegenseitig, wir philosophieren, wir missionieren, wir wehren uns, wir denken, wir hätten das Ei des Kolumbus gefunden, und manchmal hören wir auch auf zu fragen, weil wir meinen, dass es keine vernünftige Antwort gibt. Dennoch kommen wir letztlich zur alten Frage zurück? Wo bist du, Gott?

In diesen vielen Begegnungen, die ich mit Menschen hatte, gerade in der Arbeit als Medium, habe ich viele Fragen gehört und immer wieder gestaunt über die zutreffenden Antworten der Lichtwesen. Ihre Antworten waren stets liebevoll und wertungsfrei, unabhängig von der Emotionalität der Frage,– präzise, ehrlich, voller Weisheit und haben uns nie vom eigenen Denken befreit.

So durfte ich viele Wunder miterleben, durfte sehen, wie Menschen wieder aufstanden, ihr Leben wieder in die Hand nahmen, wie die Freude wieder zurückgekehrte in ihr Leben, vor allem die Freude, sich selbst zu lieben und dadurch die Fähigkeit wieder zu erlangen, andere zu lieben und wieder geliebt zu werden. Auf wundersame Weise veränderten sich die Lebensumstände der Menschen, die mit den Lichtwesen in Kontakt kamen, zum Positiven.

Da es auf dieser Welt viele Wesen gibt, die sich Fragen stellen und das Medium Buch auf einzigartige Weise den Menschen die Möglichkeit gibt, sich selbstständig mit den Antworten der Lichtwesen zu befassen und entsprechend ihrer Entwicklung und ihres Verständnisses sich weiter zu entfalten, haben sich die Lichtwesen dazu entschlossen, all jene Fragen zu beantworten, die die Menschen in dieser Zeit so beschäftigen.

So fragten sie mich also, ob ich einverstanden wäre, ihnen meine Zeit und Liebe für dieses Buchprojekt zu geben. Auf diese Frage gab es für mich nur ein JA! Und so mache ich mich auf die Suche nach vielen guten Fragen. Alle, die ich kannte, sprach ich darauf an, und es wurden mir sehr viele Fragen geschickt. Fragen von kleinen Kindern, von Schulkindern, von Jugendlichen, jungen Erwachsenen und auch älteren Menschen. Unabhängig von Kultur und Alter überschwemmte mich eine Flut von Fragen, die von der Quelle durch die verschiedenen Meisterenergien und Engel der Neuen Zeit beantwortet wurden.

Was mich sehr freut ist die Tatsache, dass es nun vielen Menschen möglich ist, diese wundervollen und liebevollen Antworten zu bekommen und dass Freude und Geborgenheit in ihr Herz zurückkehren können.

Lassen Sie sich von den Antworten und den Botschaften aus dem Licht berühren.

Bernadette Suter

Das Buchprojekt beginnt also...

denn nach oben steigt das Herz der Zeit,
und in der Diagonale wird es breit, zeitlos frei.
Und so seid ihr frei von den Auswirkungen der Zeit,
und Zeit und Raum heben sich auf.
Handlungen, Ursachen und Wirkungen der Vergangenheit
sind ohne Bestand, ohne Wirkung.

Die einzige Wirkung,
die nun in eurem Leben,
ihr Kinder des Lichts,
die ihr auf dem Weg seid, zu göttlichen Menschen
euch zu transformieren, ihr Kinder,
das Einzige, was bei euch nun zählt,
ist die liebende göttliche Hand.

Also fragt nun denn,
auf dass die Worte der Liebe aus dem Licht
auf die Erde kommen können und
das Projekt Aufstieg,
das Projekt Erde und Heimkehr,
voranschreiten kann an der liebenden Hand
eures liebenden Herzens,
durch die Begleitung all jener,
mit denen nun die Verbindungen entstehen können,
auf dass das Christusgitternetz
wie im Geiste sich auch in der Materie nun zeige.

Das Bewusstsein Sanat Kumara & Vywamus Lenduce

Vorwort – Die Quelle spricht

Ich bin das ICH BIN. Ich bin die göttliche Seinsheit. Ich bin das Gottselbst, das sich in dir und in allen Wesen zum Ausdruck bringt. Ich bin die fließende Kraft. Ich bin das Fließen selbst. Ich bin das Leben spendende, in sich, aus sich heraus, sich selbst erschaffende Sein. Ich bin die göttliche Mutter, der göttliche Vater. Ich bin die Gottseinsheit, die sich erstreckt durch das ganze Universum, durch alle Galaxien. Die sich wiederfindet und sich selbst begegnet in jedem Atom des Seins. Ich bin das ICH BIN im Wassertropfen. Ich bin das ICH BIN im Urgestein. Ich bin im Herzen dein.

Ich bin das ICH BIN im Blatt, im Wind, im Holz, im Inneren der Erde. Ich bin das ICH BIN, das stetig werde, das aus sich heraus sich selbst erschafft. Ich bin das ICH BIN, bin Lebenskraft.

Bin Licht, bin Leben, bin Licht und Schatten, bin Bewusstsein zwischen Licht und Schatten, bin die Seinsheit selbst. Bin kraftvoll, aufwühlend, erschaffend, niederreißend und neu gebärend.

Ich bin das ICH BIN, bin die Jahreszeiten. Ich bin die Zeit selbst und dennoch zeitlos. Ich bin sowohl als auch. Ich bin hörbar und dennoch still, berührbar und dennoch unberührt und in meinem Unberührtsein dennoch so berührt.

Ich bin das Licht, ich bin die Kraft, die sich selbst erschafft. Ich bin die Essenz der Erde, der Welt und all ihrer ätherischen Doppel, all ihrer Körper, all ihrer Schwingungen.

Zeit hält sich in meinem ICH BIN auf.

Jede Sekunde in sich ist einzigartige Welt, einzigartiger Kosmos, ist ewig, ist frei von jeder zerstörenden Kraft, und dennoch löst sich der eine Moment durch den anderen ab und bleibt trotzdem bestehen.

Es ist das Paradoxon des Lebens. Ich bin das ICH BIN. Ich bin sowohl als auch. Bin weiblich, bin männlich und dennoch Kind. Ich bin in dir und bin in mir, bin ich dir ganz nah bei mir.

Und ich grüße dich, liebe Seele, die du diese Worte liest.

Ich bin der Initiator dessen, was du vor dir siehst, liest und hörst. Ich bin die Kraft, die jedes Wort beseelt, die jedes Wort zum Ausdruck bringt und manifestiert. Ich bin das Wort, das sich selbst erschafft. In diesem Zeugungsakt der Liebe entstehen lässt, was Wortes Kraft an Schwingung in den Kosmos hineingibt. Und ich, das ICH BIN in Liebe, und in dieser Liebe, aus dieser Liebe heraus schenke ich dir diese Worte, schenke ich dir meine Liebe, mein Sein, in dem du geboren bist als Teil, als Anteil mein. Als das ICH BIN in mir.

So sollst du dieses Buch mit Liebe berührt, vertrauensvoll mit Respekt und Achtung in deinen Händen halten. Denn es ist eine Perle, eine Perle, die aus sich selbst heraus geboren ist, aus dem Selbst des göttlichen Seins, das ICH BIN.

Seele, lies diese Worte, öffne dein Herz. Lies voller Sorgfalt und Wachheit und Konzentration die Weisheiten, die Gespräche, die Botschaften aus dem Licht. Denn sie sind reine Kraft. Sie sind reines Licht. Sie sind Farbe, Klang, deine Heimkehr, und mit dir kehrt heim die Welt, kehren heim die Tiere und die Pflanzen.

Atme diese Worte, die Kraft dieser Botschaft ein und lass zu, dass sie dich berühren und spüre selbst, was du für dich annehmen kannst. Denn darum bist du ein freies Wesen, damit du selbst entscheidest, welche Energien du aufnimmst, welche Informationen du annimmst und welche Schlüssel du in deinem Herzen tragen möchtest.

Es ist mein Wunsch, und tiefe Liebe und Dankbarkeit erfüllt mich für dich, liebe Seele, die du diese Worte liest und darüber nachdenkst. Dich in Konzentration diesen Worten widmest und ihnen deine eigene Wahrheit entnimmst.

Tiefe Dankbarkeit erfüllt mich für jene Seele, jenes Menschenkind, durch das ich sprechen darf, durch das ich zum Ausdruck bringen darf, was ich bin. Und tiefe Dankbarkeit und Liebe fühle ich für all jene, die mitgewirkt haben, um dir, liebe Seele, die du dieses liest, die Worte zugänglich zu machen. Alle, die dabei mitgewirkt haben, sind wunderbar, so wie du, so wie das ICH BIN selbst wunderbar ist. Und so ist es eine natürliche Berührung zwischen mir, ihnen und dir.

Denn ich bin in dir und in ihnen, und was könnte natürlicher sein als das Ich, das ICH BIN, mich zum Ausdruck zu bringen und spreche aus dem Herzen jener, die ich schuf, die ich aus mir selbst heraus geboren habe, die ICH BIN.

Die Zeit ist reif, reif dafür, dass die Menschen erwachen zu ihrer wahren Essenz. Darum hast du dich hingezogen gefühlt zu diesem Buch. Freue dich darüber. Gib weiter, was du für dich erkannt hast und verstehst. Das andere lass los. Vertraue darauf, dass das verstanden worden ist, was jetzt wichtig ist. Sei frei von jedem Gefühl, dass du dich über andere Wesen erheben musst, weil du diese Worte liest, denn auch jene, die diese Worte nicht finden, sind dennoch Teil des Ganzen und wirken auf ihre Weise genauso wunderbar, finden andere Worte, die genauso wunderbar, denn ich bin das Wunder, das Wunderbare, das ICH BIN.

Ich bitte dich, lies. Lies dieses Vorwort so oft, bis du es verstanden hast, bis du den Eindruck hast, dass du jedes Wort verstehst. Innerhalb deiner Möglichkeiten. Erst dann fahre fort, die Botschaften aus dem Licht zu lesen, dir Gedanken zu machen, die Fragen, die darin gestellt sind von den Menschen dieser Welt.

Und wann immer du etwas meinst, nicht verstehen zu können, immer dann, wenn du das Gefühl hast, dass du ohne Verstehen bist, halte einen Augenblick inne, lege deine Hände auf die Worte, die ich am Anfang gegeben habe. Nimm die Energie auf und sei dir bewusst, dass die Botschaften aus demselben ICH BIN kommen wie du und dass das Verständnis in dir ruht und aufgeht, wenn du bereit bist dazu, anderes jedoch gleich verstehst.

Ein jedes Wesen in seiner Art hat sein eigenes Tempo, und das ist gut, denn die Vielfalt, die göttliche Schönheit der Manifestation, die ich so sehr liebe, das bin ich. Denn ich habe mein eigenes Tempo. In jedem Augenblick, in jedem Wesen, in jeder Schöpfung schwingt mein eigener Rhythmus in mannigfaltiger Natur.

So wünsche ich dir nun eine wunderbare Zeit der Begegnung mit deinem Selbst. Denn mit diesem Buch hältst du in Wahrheit dich selbst in deinen Händen und liest deine Geschichte. Ich grüße dich, und ich freue mich mit dir, denn in dir ist Heimkehr.

Ich bin das ICH BIN. Die urgöttliche Seinsheit, aus der einst der Christus Logos entsprungen, als vollkommenes Doppel des Innersten meiner selbst. Als reinste Schöpferkraft, aus der einst die Erzengel entsprungen als göttliches Gleichsein mit der Quelle selbst. Aus denen in dieser heiligen Trinität ihr alle entsprungen seid, in die ihr zurückkehrt, um letztlich wieder einzutauchen in die Seinsheit, die ICH BIN: die Liebe.

Ich grüße dich. Sei gesegnet. Friede sei mir dir und mit allen Wesen.

Es sprach zu dir die göttliche Mutter, der göttliche Vater, die göttliche Seinsheit in allem.

Die Quelle

Einleitung

Vywamus spricht stellvertretend für die Geistige Welt, die sich in diesem Buch mitteilt

Ich grüße euch, ihr Lieben.

Seid gesegnet mit der nötigen Offenheit und mit der Kraft der Liebe, die ihr braucht für diese unsere Begegnung.

Ihr werdet durch die Beschäftigung mit diesem Buch viele neue Gedanken ins Fließen bringen und einen Schritt in eurer Entwicklung tun, der euch leichter und lichtvoller werden lässt.

Vielleicht haben einige von euch schon andere Bücher gelesen, in denen ich oder andere Helfer aus der Geistigen Welt zu euch gesprochen haben. Einige aber erleben eine Begegnung dieser Art zum ersten Mal.

Ich grüße euch, euch alle, die ihr sucht. Die ihr in der inneren Unruhe spürt, dass es da etwas geben muss, etwas, das wahren Frieden bringt. Ich begrüße euch in der Liebe, und gerne nehme ich euer Suchen mit in den Weg des Lichts und zeige euch eine Möglichkeit, eine von vielen.

Lasst euch ein auf das, was ihr erfahrt. Seid aufmerksam, seid wach und wählt gut. Nehmt für euch nur jene Worte an, die ihr für euch als richtig erkennt. Das andere lasst an euch vorbeiziehen.

Wertet, verurteilt nicht, sondern lasst einfach sein, was steht, und nehmt, was ihr brauchen könnt. Denn jeder von euch ist ein eigenes Individuum, ein Mensch mit seinem eigenen Weg, einer, der seine eigenen Worte braucht, um weiterzugehen.

Und es ist gut, kritisch zu sein. Doch vergesst nicht in eurem kritischen Sein die Liebe und die Toleranz. So wird euer Leben um ein Vielfaches leichter, und ihr könnt einen Sinn – in allem, was geschieht – erkennen.

Zuerst einmal möchte ich euch kurz erzählen, wer ich bin und wie es dazu kommt, dass ich mit euch sprechen kann. Weil ihr Menschen einen Namen braucht, um eine Beziehung haben zu können, so nennt mich Vywamus.

Ich bin ein Lichtwesen. Ich bin ein lebendiges Wesen, ein Bewusstsein, das keinen irdischen Körper hat wie ihr. Ich meine damit keine Arme, keine Beine, keine Füße, so, wie ihr sie habt, sondern ich bin aus Licht, aus Energie.

Meine Aufgabe ist es, Menschen aufzuwecken. Suchende anzuspornen weiterzusuchen, nicht aufzugeben und fündig zu werden. Meine Aufgabe ist es, einzelne Menschen zu ihrer Bestimmung zu führen, ihnen zu helfen, wieder zu entdecken, wer sie sind und was sie alles können. Sie hinzuführen, wohin sie schon immer wollten.

Ihnen durch eine andere Bewusstseinsform zu zeigen, welche Visionen und Träume sie in dieses Leben gebracht haben.

Und glaubt mir, es ist wichtig, dass Visionen und Träume umgesetzt werden, wo es möglich ist und wo sie in der Liebe sind und im Frieden. Denn dies befriedigt wirklich.

Wer ein Leben lang lebt und dann zurückschaut auf einen ungelebten Traum, der hat eine Trauer in sich, die ihn spüren lässt, dass irgendwo einmal die Entscheidung nicht für ihn selbst gefallen ist.

Daher bin ich hier, um euch zu zeigen, wie ihr euch für euch selbst entscheiden könnt, ohne dabei die Menschen um euch zu vergessen oder zu übergehen. Im Respekt, dass auch sie für sich entscheiden müssen.

Wie kommt es dazu, dass ich mit euch auf diese Weise kommunizieren kann? Ich weiß, du, der du jetzt diese Worte liest, du denkst: „Ja, wie geht das denn, dass er mit uns auf diese Weise spricht, wenn er doch ein Wesen ist ohne Körper und ohne Mund, ohne Stimmbänder sozusagen?" Nun, ich werde es dir erklären.

Es ist so, dass ich einen Menschen gefunden habe, der sich bereiterklärt hat, mir seine Stimme und seinen Körper zur Verfügung zu stellen. Mein liebes Medium hat sich bereiterklärt, so lange an sich selbst zu arbeiten und zu versuchen, in eine Mitte zu kommen, die es mir möglich macht, so klar wie möglich durch ihren Körper, durch ihre Stimme zu sprechen. Und es war ein echter innerer Wunsch ihrerseits, zu dienen. Dies ist sehr wichtig, denn die Motivation bestimmt die Qualität der Durchgaben.

Das heißt, dass Energien angezogen werden, die der Motivation – dessen, der sich zur Verfügung stellt, ein Kanal zu sein – entsprechen kann. Und so haben wir gemeinsam lange Zeit an ihrer Entwicklung gearbeitet. Wir haben sie häufig besucht und ihren Körper ausbalanciert, Blockaden aufgelöst und ihre Energie in die Mitte gebracht.

Nach einer langen Zeit der Reinigung, in der sie ihren Gefühlen sehr stark begegnen musste, um zu erkennen, wo nun Vorurteil im Spiel ist und wo echte Annahme und Akzeptanz. Und jedes Mal, wenn sie bewusst erkannt hatte, dass sie vielleicht das Denken in einer bestimmten Angelegenheit ändern musste, haben wir ihr geholfen, in eine Denkweise zu kommen, die von der Liebe geprägt ist. Und dann eines Tages war es so weit.

Ihr Körper, ihr Herz, ihre Energie schwangen sich zu uns hinauf in eine Frequenz, in der wir ihr begegnen konnten. Und da habe ich mich entschieden, weil ich mich so gefreut habe über ihr Leuchten, genauso wie ich mich freue über das Leuchten eines jeden Menschen, mit ihr zu arbeiten.

Und es geschah das erste Mal, dass ich durch sie hindurch sprechen konnte. Ich klopfte an, und sie machte auf. Und so konnte ich sie mit meinen lichten Flügeln umarmen, in ihre Energie fließen und ihre Stimme nutzen, um dann die Worte zu formen, die ich heute auch zu euch sprechen darf.

Gesegnet sind jene, die bereit sind, dem Licht zu dienen, egal, auf welche Weise.

Ob du, lieber Freund, der du diese Seiten liest, nun deine ganze Liebe in dein Mechaniker-Sein oder in dein Krankenschwester-Sein oder in dein Bäcker-Sein tust, was auch immer du mit wirklicher Liebe, mit Hingabe tust, ist von deinem Engel begleitet, gesegnet und bringt Segen.

Und hier komme ich zu einem neuen Abschnitt, nämlich dem freien Willen. Ihr Menschen wurdet als freie Geschöpfe geschaffen. Ihr seid vollständiger Gedanke aus der Quelle des Lebens selbst. Ob ihr nun Wissenschaftler seid oder einfacher Arbeiter, ihr werdet mir recht geben, es ist nichts anderes beweisbar, als dass ihr aus dem Leben selbst seid.

Ihr habt einen freien Willen, das heißt, ihr entscheidet freiwillig, welche Erfahrungen ihr machen möchtet in eurem Leben.

Ich weiß, liebe Freunde, dass dies in euch zuweilen auch Trotz auslösen kann, Wut, weil ihr sagt, wenn etwas kommt was euch schwer erscheint: „Nein, das kann nicht sein, ich wollte das nicht." Doch glaubt uns, ihr seid mitverantwortlich für das, was ihr erlebt. Das Leben, das sich euch zeigt, euer Umfeld, ist direkt gesteuert von eurem Willen, oder, anders gesagt, von dem, was ihr tut, wie ihr denkt, wofür ihr euch entscheidet. Ist es nicht wunderbar zu wissen, dass ihr nicht wehrlose Opfer eures Schicksals seid?

Liebe Freunde, arbeitet an eurer Denkweise. Arbeitet an eurem Herzen. Denn wenn ihr es wirklich wollt und wenn ihr uns einladet, dann sind wir da. Wenn ihr Hilfe braucht, dann bittet darum, und wir sind da.

Doch nicht auf eure Weise, sondern basierend auf dem Gesetz des freien Willens und auf dem Gesetz der Selbstverantwortung. Das heißt, wir Lichtwesen, wir Engel, Schutzengel, begleiten euch auf eurem Lebensweg. Doch wir haben nicht das Recht, uns in eure Entscheidungen einzumischen, uns in euer Leben einzumischen.

Daher müssen wir so lange warten, bis ihr uns einladet. Bis ihr uns ruft und euch bewusst ist, dass ihr unsere Hilfe bekommen könnt, wenn ihr das wollt. Aber dann, wenn ihr durch die Wüste geht wie einst Moses – wie einst Jesus – und an den Punkt kommt und ruft: „Helft uns heraus aus dieser Wüste, ich weiß nicht mehr, welchen Weg ich gehen soll", dann, liebe Freunde, werden wir euch ein Zeichen schicken und werden euch unsere Hand ausstrecken. Aber nicht damit wir euch herausziehen, herausführen sondern damit ihr unsere Hand ergreift und euch selbst, geborgen an unserer Hand, herausführt.

Denn würden wir euch einfach so herausholen aus euren Problemen, ohne eure Einwilligung, ohne euer ausdrückliches Wünschen und Wollen, wäre dies eine Einmischung, die euch nicht guttun würde. Einfach deshalb, weil ihr dann das, was ihr wirklich lernen wolltet aus dieser Situation, nicht gelernt hättet und eine weitere Situation produzieren, eine weitere Situation manifestieren würdet, damit ihr dieses nun doch lernt.

Denn eure Seele strebt nach Vorwärtskommen. Eure Seele strebt danach zu wachsen. Eure Seele strebt danach zu lernen und zu integrieren, um vollständig zu werden. Und so muss jedes Gefühl erfahrbar werden. Vergebung, Vergnügen, Glück, Trauer, Erlösung, Befreiung, Selbstachtung, Selbstbewusstsein, all dies muss erfahren sein, damit es integriert werden kann.

Dies ist das Gesetz des freien Willens. Daher vertraut darauf, dass wir Lichtwesen nichts und niemals etwas gegen euren Willen tun werden. Denn wer aus dem Licht kommt, aus der Liebe, würde nie etwas Derartiges wollen.

Und dies ist auch das Maß, an dem ihr messen sollt.

Das heißt, wenn ihr auf die Suche geht, werdet ihr vielen Wegen begegnen, viele Botschaften hören. Horcht in euch hinein und messt am Maß des freien Willens, nur dann könnt ihr euren Weg wählen. Was auch immer ihr tut, ihr sollt euch dabei frei fühlen. Was auch immer ihr lest, welchen Worten ihr auch immer begegnet, ihr sollt euch frei fühlen in eurem Willen. Das ist es, was ich euch sagen möchte.

Ich grüße und segne euch. Ich segne vor allem eure freie Willenskraft und eure Fähigkeit, euch für das Licht und das, was ihr in Wahrheit seid, zu entscheiden. Seid gesegnet.

Vywamus

☆☆☆☆☆

Über den Umgang mit der Erde

Ich grüße dich, liebe Seele, die du diesen Worten begegnest. Ich grüße dich, liebe Seele, die du diesen Weg begleitest, und ich grüße, dich liebe Seele, durch die diese Worte den Weg auf die Erde finden.

Ich bin das ICH BIN und spreche zu dir als die weibliche Kraft der Mutter Erde. Ich bin die Kraft, die im Inneren der Erde als strahlendes kristallines Bewusstsein, das darauf wartet, in das Bewusstsein der Welt, der Menschen, aller Wesen, die in mir und auf mir leben, kommen darf. Äonen habt ihr Wesen mit mir verbracht, unendlich viele Erfahrungen habt ihr mit mir geteilt. Aus dem feinstofflichen Bewusstsein heraus habt ihr mit mir gelebt, die Verdichtung erlebt, bis ihr entschieden habt, gemeinsam den Weg der Materie zu gehen, die Dualität zu erfahren. So bin ich die Mutter eurer Körper, alles Körperlichen, der Boden, der euch dient. Durch den ihr euch nährt und entwickelt.

Manchmal macht es mich traurig, wenn ich fühle, wie ihr Menschenkinder leidet, weil ihr euch abgetrennt fühlt vom reinen Kristall der Liebe, der in mir wie auch in euch und im kosmischen Herzen, im Zentrum der goldenen Sonne, strahlt und die Gesamtheit des Ganzen zum Ausdruck bringt, in allen Farben in der Schöpfung, die der große eine Geist zum Ausdruck bringt. So ist es für mich manchmal auch schwierig mitzuerleben, wie ihr sucht und dabei manchmal einen Teil eures Selbst verliert und vergesst, dass ihr euch zurückbesinnen könnt. Zurückbesinnen in das Zentrum, in eure Mitte, an den Ort, wo das ganze Wissen enthalten ist, wo alles da ist. Der ganze Weg, alles, was dieses Universum erfahren hat.

Und so lasse ich aus meiner Mitte unendlich, endlos durch alle Schichten meines körperlichen und feinstofflichen Wesens hinausströmen zu euch Engelwesen. Ihr Wesen, die ihr vergessen habt, dass ihr Engel seid. Ihr Wesen, die ihr vergessen habt, dass die Tiere, die auf mir wohnen, dass die Elemente, die hier für Gleichgewicht sorgen, gleichsam aus demselben Bewusstsein kommen und auf ihre Weise Engelwesen sind.

Doch nun schreiten wir gemeinsam mit großen Schritten dem multidimensionalen Bewusstsein entgegen. Ich freue mich, wenn eure Liebe zu mir strömt. Alle meine Wunden sind im feinstofflichen Geist bereits geheilt, und so habe ich wieder neue Kraft, auch die Materie wieder ins Gleichgewicht zurückzuführen. Haltet durch, ihr wunderbaren Kinder des Lichts. Freut euch über jeden Moment, in dem ihr die Verbindung zu mir und so auch zur Uressenz des Alles und des Nichts spüren könnt. Gießt dieses Gefühl der Liebe aus, denn jedes einzelne Gebet, jede Meditation erreicht mich bis in meine Mitte und heilt die Wunden der Vergangenheit. Heilt jede Energie, die durch eure Glaubensmuster, eure Gedanken, eure Ängste erzeugt wurde und meine Energiesysteme gestört hat. Alles, was war, diente dem Zweck, sich selbst zu erfahren, und so ist in mir nur Liebe zu euch. Lasst nun auch eure Schuldgefühle mir gegenüber los und kehrt mit mir zurück zu der Liebe, die ihr seid. Betrachtet mich als einen Teil eurer selbst. Erwacht zum Bewusstsein des geheiligten Menschen, der in seinem Innersten erkannt hat, dass sich jeder Gedanke nach oben schwingt wie auch in die Dichte. Dass es sich ausdehnt, breit/rein und endlos im ganzen Universum spürbar ist. Und so übt euch in guten und lichtvollen Gefühlen, ohne die anderen Gefühle, die euch manchmal noch dazu bringen, zu urteilen und zu verdrängen, sondern nehmt vielmehr diese anderen Gefühle und übergebt sie gleichsam dem Licht, auf dass die guten und lichtvollen Gefühle sie sogleich in reine Liebe wandeln.

Beginnt bei allem, was ihr tut, auch das Wesen der Erde zu streicheln. Denn ich liebe es, wenn ich liebkost werde von euch. Und die Tiere und Pflanzen lieben es, wenn ihr sie liebkost durch euer Handeln, euer Fühlen und Denken. So kann der Strom aus eurem Herzen zu mir kommen und alle meine Energiebahnen befreien. Mehr und mehr auch die dichteste Materie, die wir gemeinsam erreicht haben, durchlichten und transformieren. So kann sich das Bewusstsein, das ich bin, ausdehnen. Ich darf mit euch, mit allen Wesen in und auf mir eintauchen in das große Wahrnehmen des Ganzen. Ich liebe euch, und ich bin dankbar, wenn ihr euch mit mir beschäftigt, denn ich beschäftige mich in jedem Augenblick mit euch.

Ich bin die Mutter eures Körpers. Ich bin das Mutterschiff, auf dem ihr euren Aufstieg, eure Rückkehr, euer Erwachen zu eurem multidimensionalen Bewusstsein erlebt. Und so segne ich dich, liebe Seele, die von diesen Worten berührt ist. Denn in diesem Augenblick entsteht zwischen dir und mir eine großartige Verbindung. Und wann immer ich kann, wenn du mich fragst, sende ich dir aus der heiligen Mitte des kristallinen Seins im Zentrum meines Christusbewusstseins meine Liebe als Antwort. Und deine Liebe, die aus deinem Kristall im Zentrum deines erwachten Christusbewusstseins, der Christussonne in deinem Inneren, zu mir kommt. Ich liebe dich.

Lady Gaia sprach zu dir. Du bist in mir und ich in dir, und gemeinsam sind wir in allem. Amen.

Fragen und Antworten dazu

Wie wirkt es sich aus, wenn wir dir Heilenergie schicken?

Wenn ein Wesen auf der Erde sich bereiterklärt, Kanal zu sein, sich bewusst aus der Liebe heraus und frei von jeder Erwartung mit dem Zentrum in mir, über mir, mit der Quelle selbst verbindet und sich zur Verfügung stellt, reiner Kanal zu sein für die heilende Energie, dann, Liebes, strömt diese Energie in großen und lichtvollen Strahlen durch dieses Wesen. Sie strömt aus den höchsten Höhen und sucht auf ihrem Weg alle Energien der Planeten und Sterne, der geistigen Bildungsstätte. Energie auch aus den heiligen Hallen Shambalahs verbindet sich mit dieser so optimalen Schwingung, die ich gerade dann einlade. Sie strömt dann durch dieses Wesen und fließt durch jede Pore, aus dem Herzen und aus den Händen, aus dem Atem in mich hinein, und ich empfange sie als vollkommen rein.

Dies klärt alles, was bereit ist, geklärt zu sein. Heilt alles, was bereit ist, geheilt zu sein, was dieses Wesen, das dieses Licht kanalisiert, jemals an Energie in mich an Dichte produziert hat. So ist also jedes Bestreben, der Erde Heilung zu geben, mir Heilung zu geben, Kanal zu sein, immer auch Heilung und Befreiung für das Wesen, das dieses tut. Heilung und Befreiung auch für das kollektive Bewusstsein, für das Morphogenetische Feld über Äonen.

Und dann lenkt dieses Wesen auch den Strahl der Gnade, der noch weiter hinaus vieles heilt, was ähnlich schwingend durch andere Wesen ausgesandt wurde. Und wo eine Gruppe sich findet und dieses tut, geschieht dies noch viel stärker.

Durch jede Meditation, jede Heilung, die in mir anschwingt, weil ich die Wesen rufe, weil mein Kristall in meiner Mitte, in der Mitte meines Christusbewusstseins, vollkommen eins ist mit dem kristallinen Bewusstsein der göttlichen Seinsheit im Zentrum.

Und weil ich in jedem Wesen erkenne, wann es das Bedürfnis hat, seine Geschichte mit mir zu erlösen. So sende ich einen Ruf aus, und darum fühlt sich das Wesen gerufen, mir Heilung zu schenken. Und ab und an gibt es da ein Wesen, das sich zur Verfügung stellt, auch dann, wenn die Geschichte längst gelöst ist, dies weiterhin zu tun oder als Lehrer dafür zu dienen. Das sind Wesen, die aus der Liebe heraus beschlossen haben, am kollektiven Karma der Erde zu arbeiten. An der Erlösung aller Wesen, an der Heilung der Geschichte selbst, die euch Wesen mit mir verbindet. Dies ist meine Antwort dazu.

So segne ich dich, und so segne ich auch das liebe Wesen, durch das mein Bewusstsein sprechen durfte, in der Verbindung und über den klaren Strahl des Kristalls, auch mit der Verbindung zu den heiligen Hallen Shambalahs. Denn das ist die geistige Heimat aller Menschen, bis sie ganz heimgekehrt und aus dem Rad der Wiedergeburt gelöst sind. Dann entschließen sich einige, die daraus gelöst sind, in jene Hallen zurückzukehren mit ihrem Geist, auch dann, wenn sie noch im Körper sind, um von dort aus mit den anderen Meistern zu wirken. Und so ist die Zahl der Meister in den heiligen Hallen gestiegen, und es werden mehr und mehr. Ich segne dich, Liebes, ich segne euch, ich segne deinen Körper, deinen fruchtbaren Leib. Sei gegrüßt.

Das Bewusstsein Lady Gaia

Was passiert, wenn die Menschen so weiterleben wie bisher, und gibt es einen Weltuntergang, und falls ja, wie wird er sein?

Eine große Frage, die seit Jahrtausenden immer wieder gestellt wird. Und seit Jahrtausenden wird der Weltuntergang immer wieder prophezeit, und immer wieder heißt es, heute oder morgen wird es sein, doch glaube mir, Gott selbst hat die Welt erschaffen, Gott selbst ist die Welt, und Gott lässt sich selbst nicht untergehen.

Die Menschen können unmöglich so weitermachen wie bisher, weil jeder Mensch sich stetig entwickelt, weiterentwickelt, und in dieser Zeit jetzt gibt es unglaublich viele Wesen, die sich Gedanken machen, die beginnen, die Mutter Erde zu lieben und zu verstehen, die beginnen, sich an den Ursprung des göttlichen Auftrags zu erinnern, an das wunderbare Wesen Erde, das in der Obhut des Menschen steht.

Denn die Erde wurde dem Menschen nicht untertan, um versklavt zu werden, sondern die Erde ward dem Menschen gegeben, um vom Menschen betreut und begleitet zu werden, und das ist ein Unterschied, und immer mehr Menschen sind auf dem Weg dahin.

Immer mehr wird auf die Natur Rücksicht genommen, auf die Tiere. Es ist noch längst nicht in jedem Kontinent so, denn auch hier gibt es Unterschiede. Es gibt auch Menschen, die in einer so großen Armut leben, dass sie noch gar nicht die Möglichkeit hatten, davon zu hören, oder finanziell nicht die Möglichkeit haben, überhaupt auf all dies Rücksicht zu nehmen.

Es gibt Länder, in denen die Menschen gezwungen sind, Holz abzuschlagen, um sich etwas Essen anzubauen. Hier ist der Auftrag jenen Menschen gegeben, die im Wohlstand leben, denn es gilt nun, die Güter gerecht zu verteilen. Und hierbei geht es nicht darum, diese Güter so zu verteilen, dass den Menschen einfach eine Schale Essbares hingestellt wird oder ein Kleidungsstück, sondern vielmehr, dass mit all dem Wissen, das heute durchaus da ist, eine Hilfe zur Selbsthilfe gewährt wird. In all diesen Ländern, in denen es Unterstützung braucht und auch Erwachen, die Hilfe geboten wird, dass der Mensch ein selbständiges, lebensbejahendes Wesen sein kann.

Dies bedeutet, er bejaht auch die Natur und die Mutter Erde. So geht es also jetzt darum, die Mittel gleichmäßig zu verteilen, und dies wird geschehen – und früher, als ihr denkt.

Ihr habt euch weiterentwickelt, und gerade ihr jungen Menschen, die ihr jetzt diese Fragen stellt, gerade ihr habt euch wahrlich weiterentwickelt. Es ist gut, dass ihr solche Fragen stellt, denn es zeigt, dass ihr die Erde liebt und das Leben in der Tiefe eben doch bejaht, auch dann, wenn ihr manchmal vorgebt, etwas anderes zu fühlen.

Denn würdet ihr das Leben nicht bejahen und die Erde und das Leben nicht lieben, könntet ihr keine solchen Fragen stellen.

Also seid euch bewusst, bei allem, was ihr esst, dass es lebendig ist, was ihr zu euch nehmt. Es ist das Leben selbst, wenn ihr Wasser trinkt, seid dankbar, denn das Wasser lebt, ist Lebenskraft. Und wenn ihr über eine Wiese geht, spürt einmal ganz bewusst die Grashalme als lebendige Wesen, jeder einzelne Halm ein Wesen, ein Wesen mit einer Seele, denn jedes Grashälmchen hat ein Aurafeld wie du, also hat es auch Leben in sich.

Und wenn ihr dieses übt, wenn ihr einmal im Regen steht und euch des Lebens bewusst seid, das euch durch den Regen Berührung schenkt, oder die Wärme der Sonnenstrahlen oder das Tier, das sich an eure Beine schmiegt und gestreichelt werden möchte, wenn ihr euch all dessen bewusst seid, könnt ihr eines Tages eine riesengroße Dankbarkeit empfinden, und diese Dankbarkeit ist lebendig, ist Lebensessenz, etwas, das die Erde mit heilt.

Und je mehr Menschen auf diese Weise denken und fühlen, umso mehr wird eine gemeinschaftliche Energie aufgebaut, ein kollektives Energiefeld, in dem ein Bewusstsein entsteht, das kollektiv ist.

Das heißt, alle anderen Menschen können nun erwachen. Denn wenn dieses Feld stark genug ist, ist es unumgänglich, dass alle Menschen zu dieser Erdenliebe, zu dieser Liebe zum Leben und zu dieser Gottbejahung in allem erwachen.

Also denke daran, Kind des Himmels, jeder gute Gedanke stärkt das kollektive gute Denken aller Wesen und bewirkt, dass ein anderes Wesen gut denken und fühlen kann, weil es deine Gedanken gespürt hat.

So ist alles, was du tust, immer mit Folgen, in jedem Fall, und alles, was du aussprichst, denkst, was du berührst, ist durch dein Sein beeinflusst. Siehst du die Größe deines Lebens?

Konzentriere dich, sei achtsam, konzentriere dich auf die Liebe, auf das Leben, und dann bist du Liebe und Leben für alle Wesen.

Das Bewusstsein Lady Gaia und Sanat Kumara

Über Leben und Sterben

Ich bin das ICH BIN. Ich bin das ICH BIN, das aus dem Bewusstsein der Quelle heraus die Form des Engels des Übergangs angenommen hat. Weil das höchste und lichtvollste Bewusstsein dieses gewünscht hat. Ich bin bekannt als der Erzengel Azrael, und ich bin das Wesen, das euch begleitet in die Geistige Welt, wenn ihr euren Körper ablegt. An meiner Seite und mit mir in Liebe verbunden ist Erzengel Michael hier.

Gemeinsam sprechen wir zu dir, liebe Seele, sei frei von Furcht. Öffne dein Herz für die große Gnade und die Güte, die durch den Schöpfer zu dir kommt, wenn ich dir begegne. Denn Äonen haben die Menschen den Weg des Kommens und Gehens vollzogen. Wurden hinein in den Körper geboren und wurden Mensch, wurden geboren hinein in die Geistige Welt und waren wieder reines Lichtwesen.

Meine Liebe, die ich euch schenken darf, ist die Zärtlichkeit meines Atems, die Zärtlichkeit und die Güte, die sich durch die Gnade des Urgöttlichen zeigen, wenn ich euch an meiner Hand von der einen Schwingungsebene in die andere geleite. Und so begleitet mich Michael, und so begleiten wir euch. Unser Geist dehnt sich aus, weil der Eine, der unaussprechlich große Eine, dies so erschaffen hat.

Durch Raum und Zeit sind wir allgegenwärtig präsent, begleiten dich hinein in deinen Körper, hinein in die Geburt. Und genauso begleiten wir dich aus deinem Körper hinaus, hinein in den Geist zurück. So sind wir der Geist der Wandlung, und das Einzige, was wir kennen, ist Liebe und Leben, denn wenn wir euch begleiten, begleiten wir euch in jedem Fall ins Leben.

So schenken wir euch im Auftrag der Quelle zum Zeitpunkt des Übergangs eine Blaupause, einen Moment der vollkommenen Stille, und in diesem Moment definiert ihr eure Form neu. So sind wir auch da, wenn ein Kind gezeugt wird und während der ersten Zellteilung die Materie beseelt. Wir schenken dem Wesen, das da kommt und in die Materie geht, einen Augenblick der Stille, der vollkommensten Ruhe im Auftrag des Einen. Sodass inkarniert werden kann, vollkommen frei von Furcht, von Trauer, von Schmerz und Abschied. Und diese Erinnerung an diese Blaupause ist es, die euch auch den Mut und die Kraft gegeben hat, jedes Mal, wenn ihr aus eurem Körper heraus und wieder zurück in den Geist gegangen seid.

So sind wir gemeinsam da und empfangen euch, und unser liebender Atem streichelt eure Seele zärtlich. Denn hell und strahlend ist unser Licht. Azrael reicht euch die Hand und Michael löst euch von Bindung, und in der zärtlichen Liebe, im sanftesten Licht, tragen wir die Seele heim, denn Heimat ist immer allgegenwärtig.

Gehst du in den Körper, gehst du heim. Gehst du in den Geist, gehst du heim. Denn die dichteste Materie, die dichteste Substanz ist Geist, Geist der Wandlung, und wandelt stetig seine Form.

Ein Gebet der Wandlung schenken wir dir, liebe Seele, gemeinsam. Sprich in deinem Innersten folgende Worte, wenn du dich entschließt, eine Wandlung zu vollziehen, sei es eine Wandlung rein geistiger Natur, oder sei es eine Wandlung aus einer Situation heraus in eine andere, oder sei es die Wandlung von einer Form zur anderen, damit die Geburt ins Leben, in den neuen Moment hinein, im Geist oder in der Materie sowie in der Liebe vollzogen ist.

Ein Gebet der Wandlung und des Trostes

Ich bin Licht der Wandlung.
Ich bin sich wandelnder Geist.
Ich bin ewiges, unendliches Leben,
lebendiges Sein, das Wandlung heißt.
Und so nehme ich die Lösung an
und wandle meine Form, den Augenblick, jetzt ganz.
Und erstrahle in jedem Moment in der neuen göttlichen Form,
aus der Mitte heraus im Liebesglanz.
Ich bin das ICH BIN.
Ich bin ganz Leben.
Ich bin ganz Geist.
Ich bin ganz Licht.
Ich bin das ICH BIN, bin wandelnder Geist.
Amen.

Dieses Engelgebet ist Verbindung aus dem kristallinen Bewusstsein des Erzengel Michaels und meinem kristallinen Bewusstsein Azrael. Seid frei von Furcht. Erhebt euren Geist, Geist der Wandlung, denn es ist nun eine Zeit, in der die Wandlung, der Übergang, leichter und leichter ist.

Und so legen wir gemeinsam aus der Liebe heraus den Mut zur Wandlung in euer Herz, in das Herz ein jeder Seele, die sich berührt und die Worte in sich anklingen lässt. Materie und Geist sind Geist der Wandlung, sind Heimkehr, Aufstieg, Wiederkehr und Stille. In jedem Augenblick. Wir grüßen euch.

Das Bewusstsein der Erzengel Azrael und Michael

Fragen und Antworten dazu

Was hat das Leben für einen Sinn?

Warum gibt es Leben? Weil Gott selbst Leben ist, und alles, was du um dich siehst, ja, selbst du, ist Gott, und das Leben selbst kann nur Leben erzeugen.

Das, was ist, kann nur es selbst sein, und so ist der Mensch erschaffen durch einen göttlichen Gedanken, denn Gott wollte sich selbst ausdrücken, wollte sich die Möglichkeit geben, sich selbst zu begegnen. Daher erschuf er den Menschen nach seinem Bild. So ist all die göttliche Kraft und Gott selbst auch in den Menschen enthalten.

Der Sinn all dessen ist, dass diese Millionen von Anteile des Göttlichen, die sich ausdrücken im Menschen, im Tier, in den Pflanzen, in den Sternen, in den Planeten, der Erde, im Wasser, in den Steinen, in allem Sein, dass all dies, was das Göttliche ausgedrückt hat, durch Gott erfahrbar wird und dieses Zusammenspiel an Leben, an Bewusstheitsanteilen, Wachstum und Erkenntnis erzeugt und durch dieses Wachstum, durch diese Erkenntnis, durch diese Selbsterfahrung zurückkehrt in die göttliche Quelle.

Das Bewusstsein Vywamus Lenduce

☆☆☆

Warum gibt es uns Menschen?

Du bist hier, weil du ein göttliches Wunschkind bist, erschaffen aus göttlichem Geist, in Freiheit geboren, und frei sollst du leben und aus freiem Willen das Göttliche in dir wieder anerkennen und dich freiwillig wieder eins fühlen durch das Bewusstsein und das Erwachen und das Erkennen, dass du ewig geborgen bist in Gott, denn er ist in dir, und du bist in ihm.

Das Bewusstsein Vywamus Lenduce

Warum gibt es mich persönlich?

Du bist einzigartig, wie du bist, genauso wie das Göttliche dich hervorgerufen hat aus seinem Sein. Also bist du vollumfänglich gut, wie du bist.

Das Bewusstsein des Erzengels Gabriel

Warum bin ich so, wie ich bin?

Du bist so, wie du bist, weil du dir in diesem Leben vorgenommen hast, bestimmte Fragen zu stellen und auf bestimmte Antworten zu kommen, und weil du bist, wie du bist, wirst du bestimmten Resonanzkörpern begegnen.

Das heißt, alle Wesen, die dir begegnen in deinem Leben, begegnen dir, weil du genauso bist, wie du bist, weil sie die Antwort sind auf deine Fragen, die du in diesem Leben stellen wolltest, und, noch wichtiger für dich zu wissen, weil du die Antwort bist auf all die Fragen, die sie in diesem Leben stellen wollten.

Darum ist der Sinn deines Lebens, wach zu sein, die Antworten wahrzunehmen und selbst zu antworten im Namen der Liebe in dir.

Das Bewusstsein des Erzengels Gabriel

☆☆☆

Warum muss man sterben?

Weil die irdischen Wesen dadurch erleben dürfen, wie es ist, in das Licht geboren zu werden.

Du wirst ins Irdische hineingeboren, damit du die Erfahrung machen kannst, wie es ist, zu leben und zu lernen. Du kommst aber aus dem Licht.

So ist das Sterben, damit der Kreislauf geschlossen ist und der Engel, der du bist, noch heller leuchten kann.

Der Tag, an dem du ins Licht geboren wirst, ist ein Tag der Freude.

Das Bewusstsein Sanat Kumara, Vywamus und Laotse

☆☆☆

Was geschieht beim und nach dem Tod?

Schau, es ist vergleichbar mit der Geburt der Seele ins Leben, ins menschliche Dasein. Tod an sich gibt es gar nicht. Das Wort oder Verständnis des Wortes Tod, wie du es verstehst, wie die Menschen es verstehen, ist etwas, das man vielleicht eher mit Geburt vergleichen kann.

Ihr sterbt nicht, sondern ihr werdet geboren hinein in die geistige Welt Gottes, in die feinstofflichen Ebenen.

So ist das Sterben in dem Sinne etwas, was der Mensch in der Materie als Möglichkeit bekommt, um den Übergang zu üben, um Loslassen zu üben, um Vertrauen zu üben, denn im Loslassen, im Sterben, kann das Vertrauen ins Leben wachsen. Auch wenn sich das vielleicht für so manchen Menschen sehr seltsam anhört.

Das Bewusstsein Sanat Kumara, Vywamus und Laotse

☆☆☆

Ist es wirklich die Erlösung von Qual und Schmerz, oder geht es nachher noch weiter, und gibt es die Wiedergeburt?

Ja, es ist eine Art Befreiung, und ja, es geht weiter, denn auch dort gibt es Ebenen, in denen ihr lernt.

Das Lernen, die Entwicklung, das Wachstum ist ewig und geht auch dort weiter. Daher nutzet eurer Leben, euer Erdenleben, denn ich sage euch, am Erdendasein ist das Kostbare, dass es in der Materie möglich ist, sich sehr viel schneller zu entwickeln und höher hinaufzuschwingen, weil durch die Materie, durch den Mangel an Licht, das Wesen, das du bist, mehr Fragen stellt, mehr Antworten bekommt.

Das Bewusstsein Vywamus

☆☆☆

Tut das Sterben weh?

Schau, wenn du geboren wirst, bist du im Bauch deiner Mutter geborgen und warm. Neun Monate hattest du es schön, warst du genährt, warst du immer geschützt, doch du hast dich entschieden, den Erdenweg zu gehen. Also weißt du, dass die Geburt nahe ist. Diese Geburt ist im Prinzip das Sterben der Geborgenheit, die du im Mutterleib erfahren hast, die Sicherheit, das absolute Wissen, dass du genährt und geschützt bist im Bauch deiner Mutter, also ist dies bereits der erste Übergang, eine Form des Sterbens vielleicht.

Doch dieses Sterben führt nicht in den Tod, sondern in das Leben, in das Erdendasein, in das Menschendasein, in eine Chance, Wachstum zu erfahren. Also wird der mütterliche Körper Hormone aussenden, damit Wehen dich dabei unterstützen, aus diesem geborgenen Raum herauszukommen und durch den Geburtskanal in das Leben einzutreten.

Im ersten Atemzug wirst du eine weitere Anhäufung an Seelenanteilen deines Selbst einatmen, um vorbereitet zu sein für diese erste Zeit im Erdendasein, in diesem Körper, der so viel enger ist als dein wirkliches, wahrhaftiges Bewusstsein.

Die Hebamme oder der Arzt unterstützt die Geburt. Sie sind da, sie nabeln dich ab und legen dich dann der Mutter auf den Bauch, damit du dann doch wieder Geborgenheit spürst und dich sogleich erholen kannst von der Mühe und der Anstrengung und, ja, vielleicht auch etwas vom Schmerz des Übergangs, des Loslassens.

Doch dann bist du geborgen in den Armen deiner Mutter, deines Vaters, deiner Familie, deines Resonanzkörpers, die dann Möglichkeiten bieten, dich in dieser Welt zum Klingen zu bringen.

Sterben ist ungefähr das gleiche. Du bist in einem menschlichen Körper. Dieser menschliche Körper ist der Tempel Gottes, die Mutter deines Geistes sozusagen.

Er führt dich durch dein Erdendasein, also ist es wichtig, dass du für die Mutter deines Geistes Sorge trägst, denn dieser Körper ermöglicht dir, deinen Geist auszudrücken und die Musik zu spielen, die du hier auf der Erde spielen wolltest.

Dann ist es Zeit, der Mensch ist geborgen im Mutterleib Gottes, und es ist Zeit, dass dein feinstofflicher Leib, dein Geist, dein Bewusstsein, deine Seele, dein wahres Wesen wieder zurückkehrt in die feinstofflichen Ebenen, weil die neun Monate, die vielleicht neunzig Jahre sind, wer weiß, vorbei sind und die Schwangerschaft vorbei ist und du reif bist, zurückzukehren und dein Wissen und all das Wunderbare, was du jetzt bist, denn du veränderst dich stündlich, zurückzubringen ins Universum.

Also schüttet die göttliche Liebe Hormone aus, die deinen Körper dazu veranlassen, Wehen zu haben, wie einst der Körper deiner Mutter, und so werden diese Wehen dich, dein Bewusstsein, deine Seele, deinen Energie- und deinen Lichtkörper heraustreiben aus deinem physischen Körper.

Das Bewusstsein Vywamus

☆☆☆

Bekommt man Hilfe?

Ja, es gibt Hilfe, und die Engel werden deine Hebammen sein, und jene Verwandten und Freunde, die bereits in der Geistigen Welt sind, werden dich in Empfang nehmen, denn in ihren Armen wirst du dich ausruhen können und dich etwas erholen von der Mühe des Übergangs.

Das Bewusstsein Vywamus

☆☆☆

Sieht man wirklich ein helles Licht?

Ja, ihr werdet Licht sehen, und, ja, geht dem Licht entgegen!

Dann wirst du ins Licht gehen und den Reichtum deiner Seele und deines Wissens zurückbringen in das universelle Sein, in das endlose wunderbare liebende Licht, das Lebenslicht, und dort wirst du deine Einzigartigkeit trotzdem behalten dürfen.

Du wirst dich weiterentwickeln, dich vielleicht entscheiden für einen neuen Erdengang oder dazu, einen Menschen zu begleiten, ihn zu unterstützen und zu führen im Rahmen deiner Möglichkeiten deiner geistigen Entwicklung, oder du wirst dich auf anderen Ebenen, anderen Parallelwelten oder in anderen Universen und Sphären weiterentwickeln.

Alles-was-ist ist Gott, ist Leben, bist du.

Sei gesegnet in deinem Übergang, auf dass du die Fähigkeit hast loszulassen, einzutauchen, es zuzulassen und anzunehmen, dass einst die Engel deine Nabelschnur, die deinen Geist mit deinem Körper verbindet, durchtrennen, damit du heimkehren kannst in die Arme Gottes, von dem du niemals getrennt warst. Und frage weiter! Denn das Kostbare am Menschsein ist die Möglichkeit, Fragen zu stellen und Antworten zu bekommen, selbst im freien Wollen zu entscheiden, was sich für dich wahrhaftig anfühlt und dich zu entwickeln im Ermessen deines freien Willens, deines göttlichen Geistes in dir.

So mögen alle Übergänge gesegnet und beschützt sein und dich immer mehr dem Licht entgegenführen.

Das Bewusstsein Vywamus

Welchen Sinn kann man in einer scheinbar unnötigen Krankheit oder im Sterben eines jungen Menschen, zum Beispiel eines Bruders, einer Schwester, einer Freundin oder eines Freundes, sehen?

Nun, der Sinn der Krankheit ist, dass dein physischer Körper ein enormes Instrument ist, ein Medium, das dir genau aufzeigt, in welchen Bereichen du in deiner geistig-emotionalen und seelischen Entwicklung etwas lernen möchtest, also kommen die Krankheit und das Leiden als Spiegel zu dir, als Möglichkeit, dich einzulassen auf die Entwicklung, auf das Leiden und die Krankheit deiner inneren Aspekte.

Du hast dadurch die Möglichkeit, dich mit alten Verletzungen auseinanderzusetzen, mit all den Schmerzen in deinem Herzen, in deinem Geist.

Diese Möglichkeit, die dein Körper dir gibt, ist etwas Wunderbares, und jede Krankheit, die dich erreicht, erreicht dich immer mit dem Einverständnis deiner Seele, deiner Überseele und deines Höheren Selbst und, ja, auch deiner Persönlichkeit.

Deine Persönlichkeit entschließt sich, etwas Wichtiges loszulassen, etwas, das einmal sehr weh getan und vielleicht ein Muster erzeugt hat, das zum Beispiel auch zu einer Art Glaubensüberzeugung führte, die nicht förderlich ist, sondern eher belastend oder krank machend. Also wird der Körper diese Krankheit übernehmen, um dann durch diese Krankheit aufzuzeigen, wo und in welchem Bereich bestimmte Verletzungen sind. Wo bestimmte Glaubenssätze sind, die dich festhalten und dich deiner Freiheit berauben. Denn Glaubenssätze und Muster, erzeugt durch Verletzungen, Verbitterung, Zorn oder negative Erfahrungen, halten dich gefangen und machen es dir sozusagen unmöglich, deine Freiheit ganz zu leben.

Also ist deine Krankheit eine Chance, in ein neues Bewusstsein, in eine neue Freiheit hineinzugehen. Schau, jedes Organ ist eine Entsprechung zu deinem Geist. Es gibt viele medizinische Lehren, die aus der Naturheilmedizin kommen, die du einmal studieren kannst, wenn du möchtest, wo du dann auch herausfinden kannst, dass bestimmte Krankheiten und bestimmte Organe eine Entsprechung finden.

Wer am Herzen krank wird, organisch gemeint, hat bestimmt auf der Herzebene viele alte Schmerzen, vielleicht auch einen Mangel an Selbstliebe. Also zeigt das Herz ihm diesen Mangel auf. Wenn jemand im Magen krank wird, kann er sicher sein, dass er vielleicht in sich Ängste, Wut, Verletzungen, die zu Machtaspekten geführt haben, in sich trägt, Verbitterung, Zorn und vieles mehr, und er könnte versuchen, diese Themen anzugehen, weil sein Magen ihm sagt: Ich bin sauer.

Und wenn er sich diesem Sauer-Sein stellt und wirklich bereit ist, sich selbst zu erkennen, anzunehmen und in der Liebe auch dieses Gefühl anzunehmen, den Ursprung dieses Zustands zu betrachten, zurückzuschauen, zu vergeben, kann Heilung sein.

Im Christusbewusstsein diese bedingungslose Liebe zu erkennen, auch in dem, was geschehen ist, was ihn zuerst einmal sauer gemacht hat, heißt: Die Säure des Magens kann verschwinden und der Magen heilen. So kann eine Krankheit eine große Chance sein.

Das Bewusstsein Sanat Kumara und Laotse

☆☆☆

Wie verhält es sich mit Unfällen?

Unfälle, die zum Beispiel den Körper verletzen, weisen auch auf vieles hin. Vielleicht hat sich die Seele ausgesucht, einmal eine Zeit ans Bett gebunden zu sein, weil die Beine nicht funktionieren, um die eigene Gebundenheit wahrzunehmen. Um vielleicht festzustellen, dass die Persönlichkeit unbeweglich geworden oder viel zu schnell unterwegs ist und vielleicht einmal innehalten sollte.

So wird dieses Wesen dazu gebracht, sich durch einen Unfall einmal etwas Ruhe zu geben, sich hinzulegen, vielleicht einmal sich selbst in der Ruhe zu betrachten und die eigene Unbeweglichkeit anzuerkennen und in der Ruhe wieder neue Beweglichkeit zu finden, und dann kann das Wesen wieder gehen.

Manchmal gibt es aber auch Unfälle, die lange Zeit anhalten, die Wirkung bleibt, doch das bedeutet nicht, dass der Mensch danach nicht mehr beweglich ist, sondern er im Geist eine viel größere Beweglichkeit durch die Tatsache erlangt, dass er vielleicht nicht mehr selbst laufen kann. So ist auch das ein großes Geschenk.

Manche Dinge, die vom inneren Wachstum ablenken, können manchmal durch eine Krankheit oder durch einen Unfall neutralisiert werden. So geht die Konzentration des Menschen wieder auf das Wesentliche, auf die Entwicklung seiner Seele, seines Geistes, auf die Heimkehr, auf das Zurückkehren in die bedingungslose Liebe zu sich selbst und allen Wesen gegenüber. Und so macht Unfall, macht Krankheit Sinn.

Dann gibt es auch Seelen, die sich zur Verfügung gestellt haben, deren Lebensziel es ist, ein bestimmtes Maß an Liebe, Licht, Freude, Wissen und Weisheit auf diese Erde zu bringen. Sie zu manifestieren, zu verankern und dann wieder zu gehen und durch das Geschehen der Krankheit oder des Unfalls jenen Menschen in ihrem Umfeld eine Erfahrung zu ermöglichen, die bei ihnen Bewusstwerdung auslöst.

Mancher Engel war schon inkognito da als Freund, als Familienmitglied, als Vater, Mutter, Schwester, Bruder und ist zurückgegangen in sein Engeldasein und hat etwas Kostbares zurückgelassen und eine Erfahrung ermöglicht, die nicht machbar gewesen wäre, wenn die Entscheidung und das Ja, die bedingungslose Bejahung dieser Krankheit oder dieses Unfalls, von diesem Engelwesen nicht gegeben worden wäre.

So ist es richtig und gut, wenn ihr beginnt, das Leben anzunehmen mit den Höhen und Tiefen, mit den Begrüßungen und den Verabschiedungen. Verabschiedung, Begrüßung, alles ist göttlich, und so könnt ihr Wachstum erfahren – in jedem Moment und in jedem Augenblick.

Seid also gesegnet im Annehmen der Menschen, die euch begegnen, und in der Fähigkeit, jene loszulassen, die gegangen sind. Anzunehmen, dass das, was ist, richtig und gut ist und euch und sie zum allerhöchsten Wohl geleitet. Und bleibt dabei in der Bewusstheit, dass ihr Verantwortung tragt, eurem eigenen Leben, eurem Körper und auch dem Leben selbst gegenüber. Also geht respektvoll um mit eurem Körper, mit eurer Seele, mit eurem Geist, mit dem Körper, der Seele und dem Geist eures Nächsten, auf den Straßen, wenn ihr Auto fahrt, und wo auch immer.

Denn es ist immer das Allerhöchste in euch, das sich auf der Erde manifestieren und sein höchstmögliches Potenzial zum Ausdruck bringen möchte.

Doch wenn dann etwas geschieht, was euch aus der Bahn zu werfen droht, nehmt es an, lasst los und erkennt, dass ihr aus dem Schmerz heraus in eine neue Bahn hineingeworfen werden könnt, die ungleich größer und heilsamer ist als jene, in der ihr zuvor wart. Denn solche Erfahrungen ermöglichen euch, in eurer Schwingung, in eurem Licht, in eurem Menschsein größer zu werden.

Das, was im Leben wirklich sicher ist, ist die ständige Veränderung und der Weg zurück in die göttliche Liebe und in die Quelle allen Seins.

Denn Christus ist in euch, und wo auch immer du einen Stock aufhebst, ist er da, einen Stein aufhebst, ist er da, ein Brot brichst, ist er da, ein Glas Wasser trinkst, ist er da, einen Menschen umarmst, ist er da, ein Tier streichelst, ist er da, einen kranken Menschen liebevoll umsorgst, ist er da, respektvoll in einem Fahrzeug sitzt, im Wissen um das Christusbewusstsein in allem Sein, respektvoll deinen Weg gehst, ist er da. Jeder Atemzug, jede Handlung, jedes Wort, alles schwingt in diesem einen Geist. Wenn du in dich hineinschaust, ist er da.

So war es, so ist es, und so wird es immer sein. Sei gesegnet.

Das Bewusstsein Sanat Kumara und Laotse

Welche Bedeutung haben Menschen, die wir lieben, nach dem Tod für uns, und sehen wir sie einmal wieder?

Alles-was-ist lebt ewig, und alles bleibt geborgen im Universum. Jede Seele existiert ewig, jedes Bewusstsein bleibt geborgen und geht niemals verloren.

Der Mensch, der stirbt, den du geliebt, hinterlässt in dir die Erfahrung, die du mit ihm gemacht hast.

Das ist die Bedeutung der Verstorbenen, der Heimgegangenen, wie ihr es nennt. Und über das Christusbewusstsein, über eure Herzen seid ihr verbunden, und wenn ihr erkennt, dass ihr eins seid, ist der Heimgang eines Lieben frei von jedem Gefühl an Trennung, denn das Einzige, was euch trennt ist, dass der Körper abgelegt wurde und ihr euch körperlich nicht mehr spüren könnt.

Doch im Geist seid ihr eins und bleibt verbunden über das Christusbewusstsein, über das Herz des Christus, bis hin zur göttlichen Quelle. Und so werdet ihr euch auch wiedersehen und wiedersehen und wiedersehen, und so habt ihr euch schon oft verabschiedet und wiedergesehen, und viele, die dir in deinem Leben begegnet sind, kennst du schon eine lange Zeit.

Und so ist es gut für dich zu wissen, dass du, wenn du deinen Bruder gehen lässt, ihm wieder begegnest, und dass jede Begegnung in deinem Leben hier auf der Erde möglicherweise eine Begegnung ist mit einer Seele, die du in einem anderen Leben gehen lassen musstest.

Leben währt ewig. Gott ist Leben, und alles, was Leben ist, ist und bleibt.

So ehre den Schatz der Erfahrung, den du machen durftest mit jenem, den du gehen lassen musstest so, wie er den Schatz, den du ihm gegeben hast, ehrt und zurückbringt in die göttliche Quelle. Amen.

Das Bewusstsein Kosmischer Christus

☆☆☆

Soll man mit Verstorbenen Kontakt aufnehmen und den Versuch unternehmen, mit ihnen zu sprechen, oder soll man sie in Ruhe lassen?

Meines Erachtens ist es gut, wenn ihr diejenigen, die gegangen sind, loslasst, versteht ihr? Denn vielfach dauert es eine Zeit, bis sie sich nicht mehr angezogen fühlen von der irdischen Atmosphäre. Während der ersten drei Tage nach dem Verlassen des Körpers ist es sehr wichtig, dass darauf aufmerksam gemacht wird: „Geht in das Licht. Geht hinein und fürchtet euch nicht." Damit diese Seele wirklich ins Licht zurück kann und nicht für eine längere Zeit in der Energieumgebung des Irdischen, der Materie, bleibt. Denn das ist nicht wünschenswert. Diese Seele wird sich dann viel langsamer weiterentwickeln können. Und der Wunsch einer Seele ist es ja, voranzukommen. Also nützt es der Seele nicht, wenn sie in der Nähe der Erde, der Materie, verbleibt. Anders gesagt: Wenn sie in der Nähe der Dichte verbleibt, denn Materie ist nichts anderes als eine Verdichtung von Energie.

Darum ist es wichtig, sie dann auch gehen zu lassen und nicht ein ewiges Energieband aus dem Herzen heraus aufrechtzuerhalten, das immer wieder zieht. Erkennt an, dass sie heimgegangen sind ins Licht. Und was gibt es Schöneres als dieses Licht, in dem sie sich selbst wieder bewusst wahrnehmen und sich vorbereiten können auf einen neuen Erdengang. Wenn aber die Seelen hier festgehalten werden, kann dieser Entwicklungsprozess sehr viel länger dauern.

Es ist in Ordnung, eine Kerze anzuzünden. Am besten eine weiße Kerze, weil diese von der Energie her die Botschaft vermittelt: Geh ins Licht, lass die Materie los. Es ist in Ordnung zu sagen: „Schau, ich habe dich lieb. Ich werde dich nie vergessen. Alles, was du mir an Energie und Lernmomenten gegeben hast, werde ich in meinem Herzen tragen und versuchen, dies in meinem Leben zu integrieren. Es ist gut. Ich werde dich nicht vergessen. Ich vergebe dir alles, was geschehen ist, und ich bitte dich, auch mir alles zu vergeben. Und ich vergebe mir, und ich bitte dich, dir zu vergeben, aber nun geh!" Und dann solltet ihr es ruhen lassen.

Dass ihr als Menschen, die zurückbleiben, miteinander kommuniziert über jene, die ihr im Körperlichen vermisst, ist in Ordnung. Denn da ist Trauer, die aufgearbeitet werden muss, fließen muss, besprochen werden muss, damit das Herz heilen kann. Aber jene, die gegangen sind, lasst gehen.

Trauer fließen lassen, leben und durch das Fließenlassen zu neuem Leben kommen, denn nährendes Wasser ist gelebte Trauer, die sich nicht staut, auf deren Erleichterung neues Leben, neues Glück entstehen kann. Kein Kreis der Trauer ist so dunkel, auf dass nicht Licht den Weg hinein findet. Denn Licht ist überall.

Das Bewusstsein Vywamus

☆☆☆

Ich habe eine Frage zur Verbrennung. Was empfindet die Seele dabei?

Eine gute Frage. Viele haben schon darüber nachgedacht. Schau, es ist so, dass die Seele lebt und die Materie dem Feuer übergeben wird. Die Seele selbst ist ohne Schmerz und ohne Trauer darüber, denn sie hat mit dem Körper einen Mantel abgelegt, der zu eng geworden ist.

Du kannst dir das so vorstellen: Die Seele entscheidet sich, zu inkarnieren. So sucht sie sich die bestmöglichen Eltern. Ihre große Schwingung, die viel höher ist als dieser kleine Menschenkörper ertragen würde, wird heruntergesetzt, das heißt, sie wird verschlüsselt, damit die Seele hier in der Materie in diesem Körper den Menschenweg geht. Und so wird Schritt um Schritt mit jedem Lebenstag im Körper Energie freigesetzt. Mit jeder Handlung, jedem Atemzug, jedem Gedanken und jedem Gefühl wird Energie freigesetzt.

An einem gewissen Punkt legt der Mensch seinen Körper ab, wenn er noch Mangel an Bewusstsein hat, an dem Bewusstsein, das ihm klarmacht, dass er seinen physischen Körper durchlichten und mitnehmen kann in die feinstofflichen Ebenen. Wenn er dieses Bewusstsein noch nicht ganz verinnerlicht hat, legt er den Körper ab wie einen zu klein gewordenen Mantel.

Es dauert ungefähr drei Tage, bis auch die letzte Odkraft sich herausgelöst hat aus dem physischen Leib. Danach besteht keinerlei Verbindung mehr mit ihm.

Und wenn der physische Leib dann dem Feuer übergeben wird, ist dies nichts anderes als eine Transformation der Materie in feinstoffliche Energie. So wird die Seele keinen Schmerz erleiden und keine Trauer, wenn der Körper durch das physische Feuer transformiert wird in feinstoffliche Energie. Denn dasselbe geschieht ja in der geistigen Ebene: Wenn der Körper durchlichtet aufsteigt, wird er durch das geistige Feuer verglühen. Es geht hierbei nicht darum, dass er verglüht, wie ihr euch das vorstellt, sondern er transformiert sich, und seine freigesetzte Energie eint sich mit dem Lichtkörper des Wesens.

Es ist also nur eine andere Form der Transformation.

Wenn es wirklich so schlecht wäre, den Körper dem Feuer zu übergeben, was würden denn jene Menschen machen, die in heißen Ländern zu Hause sind, in denen der Körper dem Feuer übergeben werden muss, weil durch die Zersetzung sonst Krankheit über das Land käme? Es wäre göttlich ungerecht, und die Quelle ist gerecht. Verstehst du das?

Das Bewusstsein Lord Buddha

Wie ist das in Indien mit dem Hinduismus, dort werden die Körper gleich verbrannt?

Das ist richtig. In diesem speziellen Fall werden durch spezielle Gebete die Ablösungsprozesse der Odkraft beschleunigt. So, wie in Tibet auch. Dadurch kann der Vorgang schneller geschehen.

Sollte es einmal sein, dass dies unmöglich ist, weil jemand ohne diese Hilfe geht und dadurch die Odkraft sich nicht in dieser Geschwindigkeit ablösen kann, kannst du sicher sein, dass dieses Wesen mit einhundertprozentiger Gewissheit Hilfe von seinem Erz-Schutzengel, seinem Erzengelbewusstsein, bekommt.

Denn jedes Wesen ist mit einem Erzengel verbunden oder, anders gesagt, ist mit dem Erzengel eins. Jedes Wesen kommt aus der Urseele, die auch sein Erzengelbewusstsein ist. So hat jeder von euch den Bezug zu einem Erzengel, denn die Erzengel sind Schöpferwesen. Alle Seelen werden mit Sicherheit Hilfe erhalten.

Anders verhält es sich mit dem psychischen Schmerz von Seelen, die Mühe haben, die Materie gehen zu lassen. Hierbei geht es aber nicht darum, dass sie Mühe haben, den physischen Körper loszulassen, denn diese Lösung aus dem physischen Leib geschieht so oder so. Sobald der Atem des Lebens nicht mehr durch den Körper strömt, löst sich die Odkraft ab.

Es ist dann in jenem Fall eher ein psychischer Schmerz durch die Erkenntnis, dass die Seele zu sehr gebunden ist an die Materie oder an Freunde, Verwandte und Bekannte und merkt, dass sie nicht mehr denselben Einfluss nehmen kann. Ebenso bemerkt sie, was sie verlassen hat, und begreift vielleicht auch, was sie unterlassen hat.

Doch dieser Schmerz ist ein Schmerz, den die Seele gewählt hat, um Erfahrungen zu sammeln, um zu wachsen. Und auch dieses Wesen wird Hilfe bekommen, in jedem Fall. Also ist das Feuer nichts anderes als eine materielle Form des geistigen Feuers, das es transformiert.

Das Bewusstsein Lord Buddha

☆☆☆

Warum nehmen sich so viele Menschen das Leben, und stimmt es, dass dies immer häufiger passiert?

Nun, wie schon zuvor: Es ist ein Mangel an Selbstliebe, an Vertrauen, ein Sich-getrennt-Fühlen von Gott und vom Leben selbst, was auslöst, dass der Mensch sein Leben beenden möchte, dass er Hand an sich legt und gewaltsam seine Seele vom Körper trennt.

Es ist ein Ausdruck von Schmerz, Einsamkeit und Angst – manchmal Angst vor den Früchten seines Handelns oder sogar seiner Gebete.

Diese Angst kann viele Ursprünge haben. Erfahrungen aus diesem oder anderen Leben, die nicht verarbeitet werden konnten. Sie haben große Verletzungen hinterlassen, und der

Mensch fühlt sich überfordert mit der Aufgabe, diese Erfahrungen anzuschauen, zu heilen und weiterzugehen.

So entscheidet sich die Seele zu diesem Schritt nur, wenn sie spürt, dass sie in Gefahr ist, durch ein erneutes Eintauchen in den alten Schmerz oder die alte Verhaltensweise einen Rückschritt zu machen. Alles Leben möchte sich vorwärtsentwickeln, so auch jede Seele. Dies kann sie dann in einem erneuten Versuch, in einem neuen Leben, zu einer anderen Zeit noch einmal machen. Sie beginnt dort, wo sie aufgehört hat, denn die All-Liebe ist gütig und geduldig. Unsere Aufgaben jedoch sind dazu da, sie zu erfüllen.

Nun, wo beginnt denn dieses Sich-das-Leben-Nehmen, wo beginnt der Moment, in dem der Mensch sein Selbst los werden möchte, weil er glaubt, dass in seinem Selbst kein Selbst ist, dass das „Gottselbst" fern ist und er deswegen nicht liebenswert ist und sein Leben keinen Sinn mehr macht?

Es beginnt doch schon viel früher. Es beginnt dort, wo der Mensch sich selbst verleugnet. Es beginnt dort, wo der Mensch sich selbst nicht treu ist, wo er seinem Körper Schaden zufügt durch Drogen, Alkohol, Zigaretten und vieles mehr. Es beginnt dort, wo der Mensch Handlungen begeht, die ihm Schaden zufügen, die ihn unfrei machen. Auch Krieg ist eine andere Form des Sich-das-Leben-Nehmens, Raserei auf den Straßen ebenso.

Es ist also so, dass es dies schon immer gab, auch früher. Es ist ein Mangel an Bewusstsein, der dieses auslöst, ein Mangel an Selbstliebe, denn wie ich schon zuvor sagte: „Das Selbst in einem Selbst ist „Gottselbst", und wenn du „Gottselbst" nicht wahrnimmst, bist du selbstlos, das heißt, du bist dein Selbst los, weil du ihm in deinem Alltag keinen Raum gibst.

Anders gesagt: Du trägst in dir den Glaubenssatz der Gottferne und möchtest dich selbst beendigen und tust alles dafür, um dich noch mehr zu entfernen vom „Gottselbst" in dir, anstatt in die göttliche Selbstlosigkeit einzutauchen und zu erkennen, dass Selbstlosigkeit ein Loslassen des Egos ist und ein Eintauchen in das „Gottselbst" in dir.

So seid also erfüllt von Gottselbst, erkennt die Lebensessenz in euch als göttlich an und freut euch des Gottes in euch, der sich zum Ausdruck bringen möchte.

Liebt euch, liebt euren Körper, liebt euer Leben, liebt euer Jetzt und wisst, dass jeder Augenblick ein Schlüssel ist, Gottselbst in eurem Selbst zu erkennen und immer mehr zum Ausdruck zu bringen.

Tut dies, strahlt es aus, und immer mehr Wesen werden erwachen, und immer weniger Menschen werden dazu neigen, sich selbst ein Ende zu setzen.

Aber verurteilt nicht jene, die es taten, die so müde waren, weil sie sich so fern gefühlt haben, weil die Energie so schwer wurde, dass sie Gottselbst in ihrem Selbst nicht mehr erkennen konnten, und glaubt daran, dass auch sie Hilfe bekommen in anderen Ebenen, dass auch sie dereinst Gottselbst in ihrem Selbst wiedererkennen und in einem neuen Erdenleben oder in einem Vorankommen auf anderen Ebenen die Freude des Selbst in ihrem Selbst noch erfahren dürfen.

Seid Trost jenen, die zurückgeblieben sind. Nehmt ihnen die Last der Schuldgefühle ab, mit der sie sich belasten, weil sie glauben, sie hätten zu wenig getan.

Es ist der freie Wille jedes Wesens, und das Wesen selbst in jeder Persönlichkeit entscheidet, wann es erkennen möchte, dass es Gottselbst ist und eine innige und wahrhaftige Selbstliebe und Selbstannahme zulassen und annehmen kann.

Leben ist Liebe, und Liebe ist Leben.

Liebe ist alles, was das Leben unterstützt, auch das Leben deines Körpers.

Seid gesegnet.

Das Bewusstsein Melchizedek in Verbindung mit den Meistern aus Shambala

Über Raum und Zeit

Grenzenloser Geist, unendlicher Raum tut sich auf. Zeitlos ist das Leben. Lebenszeit ist Raum im Raum einer Schwingung, und wenn Lebenszeit zu Ende geht, ist der Raum zeitlos, unendlich frei, aus dem Geist neu zu gestalten.

Ich bin das ICH BIN, das sich zeitloser Geist, das Bewusstsein Melchizedek, zeitloses Bewusstsein oder auch Bewusstsein des Heiligen Geistes nennt. Über Zeit und Raum wünscht das kosmische Herz durch den Strahl des ICH BIN mit euch zu sprechen.

Was ist Zeit? Was ist eure Zeit?

Ihr werdet geboren hinein in die Welt und in die Materie. Die verdichtete Form des zeitlosen Raums lehrt euch den Begriff Zeit. Denn die höchste Schwingung kann in der Begrenzung der Dichte der Materie eine gewisse Zeit bestehen, doch dann strebt durch die goldene Mitte machtvoll alles zurück zur zeitlosen, grenzenlosen Freiheit des Geistes.

Jene, die dann innerhalb ihres Raums ihre Zeitspur erleben, wie etwas zu Ende geht, wie Materie sich auflöst und sich wieder verfeinstofflicht durch den Vorgang des Sterbens. Jene, die zurückbleiben, empfinden es als Lebenszeit, die sozusagen abgelaufen ist. Durch das, was ihr in der Materie gelernt habt, habt ihr in euch das Bewusstsein verankert, dass eure Zeit begrenzt ist.

Dieses Gefühl von Begrenzung erzeugte in euch Geschwindigkeit, das Voranpreschen des Geistes, und so befindet ihr euch in euren Gedanken die häufigste Zeit eures menschlichen Daseins in der Zukunft oder verfangt euch in der Vergangenheit. Dies bedeutet aber, dass ihr euch nicht nur in der Zeit verfangt und daher das Jetzt ins Unbewusste abgleitet, sondern auch, dass ihr euch einen Raum der Vergangenheit oder der Zukunft erschafft und dadurch den Raum des Jetzt begrenzt.

In dem Moment, in dem ihr Menschen begreift, in dem ihr erwacht zum Jetzt, zum Augenblick, werdet ihr finden, dass ihr grenzenlose Freiheit lebt und die Zeit sich auflöst im unendlichen Geist der Liebe. In diesem Augenblick könnt ihr das, was ihr lebt, vollendet wahrnehmen, denn erst dann nehmt ihr den Augenblick, jeden Atemzug, das gesprochene Wort, das gelebte Gefühl, das Wahrgenommene in seiner Ganzheit wahr und begreift, dass der Tod unwirklich ist, das Leben jedoch zeitlos, grenzenlos, frei.

Begreift, dass der Raum im Raum, im Raum, im Raum gefüllt ist mit so vielen Räumen und Schwingungsebenen, wie es manifestierte Existenzen gibt. In allen Dimensionen, bis in die dichteste, bis hin zur feinstofflichsten. Und dass jede Manifestation ihre eigene Empfindung des Zeitlichen in sich trägt, und dennoch jede eigene Schwingung vollkommen zeitlos ist. Denn jede Manifestation strebt zum freien, unendlichen Raum, zur unendlichen Zeit.

So habt ihr also tatsächlich jede Zeit, die gesamte Zeit der Existenz des Kosmos zur Verfügung. Übt euch also in Geduld, in Hingabe, in Liebe und tut, was ihr tut, frei von der Begrenzung des Raums und der Zeit, denn dann tut ihr es in vollkommener Aufmerksamkeit und Liebe, ihr vollendet es. Entwickelt euch,

Schwingungsebene um Schwingungsebene, dem Bewusstsein des endlosen Raums entgegen.

Ihr werdet finden, dass in diesem zeitlosen, freien Raum unendliche Geborgenheit schwingt und jede Erfahrung sich zur Vollendung hin bewegt. Bewusstsein innerhalb dieses Raums, in dem ihr euch jetzt gerade befindet, jedes in seinem eigenen Bewusstsein. Innerhalb dieses Raums ladet im zeitlosen Geist die unendliche Freiheit, den unendlichen Raum der höchsten Liebe ein, sich in eure Schwingungsstufe zu ergießen, dass eure Schwingungsebene durchströmt, beseelt, von diesem Meer an Licht und Kraft, zeitlos mit Leichtigkeit, sanft, zärtlich von diesem Licht in den nächsten Raum hineingetragen ist.

Das sind die Worte, die das kosmische Herz euch durch die Stimme des Bewusstseins Melchizedek schenkt, durch den heiligen Geist, der euch heute diese liebenden Worte bringt. Und so weht der Geist in euch allen, der Atem Gottes, der heilige Wind trägt euch auf euren Flügeln, die sich weit öffnen, zurück zum unendlichen Raum.

Seid gesegnet.

Das Bewusstseins Melchizedek

☆☆☆

Fragen und Antworten dazu

Wieso träumen wir?

Schau, das Träumen ist ein wunderbares Instrument, um euch in eurer Persönlichkeit zu helfen, eurem Unbewussten, den Anteilen, die ihr noch verdrängt, näherzukommen und verstehen zu lernen, wer ihr seid, um Erfahrungen des täglichen Lebens einordnen, verarbeiten und dann auch daraus lernen zu können.

Es gibt so viele verschiedene Formen des Träumens. Es gibt das Träumen, das reine Verarbeitung des Alltäglichen ist, das eurem Verstand und euren Emotionen beisteht, damit ihr am nächsten Tag ohne die Last des Gestern weitergehen könnt.

Es gibt das Träumen, das auf anderen Ebenen stattfindet, in denen ihr tatsächlich Begegnungen habt, in denen ihr mit eurem Lichtkörper aus eurem Körper herausgeht und in denen ihr auf jenen Ebenen, auf anderen Bewusstseinsstufen, anderen Wesen tatsächlich begegnet und mit ihnen Erfahrungen austauscht und lernt. Es sind die Träume, die euch so echt vorkommen, dass ihr am Morgen, wenn ihr erwacht, das Gefühl habt, jetzt tatsächlich eine Begegnung gehabt zu haben und überlegen müsst, ob der Traum wahr war oder nicht.

Dann gibt es die Form des Träumens, die eine Art Regieübung ist, das heißt, ihr träumt etwas und übt in diesem Traum schon im voraus, wie ihr handeln sollt, wenn etwas auf euch zukommt. Diese Form des Träumens hilft euch auch, damit ihr herausfinden könnt, wie ihr am besten handeln sollt, denn ihr spielt in diesen Träumen verschiedene Möglichkeiten durch, und die beste wird euer Unbewusstes aufnehmen, aufgreifen, ins Bewusstsein bringen, und danach werdet ihr handeln.

So ist dieses Träumen also eine direkte Kommunikation eurer Persönlichkeit auf allen Ebenen mit eurem Höheren Selbst, mit eurer Seele, mit dem weisen Anteil in euch. Freut euch also, wenn ihr träumt, denn eure Träume sind die Sprache der Seele. Euer Träumen ist auch eine Standortbestimmung, denn über eure Träume könnt ihr erfahren, was ihr jetzt gerade zur Zeit durchlauft, welche Entwicklung ihr macht, welche Themen euch bewegen, wo ihr euch in eurer Entwicklung befindet.

Vieles zeigt es euch auf, und ihr könnt lernen, über euch und über eure Träume können wir euch erreichen, mit euch Kommunikation aufnehmen und euch Informationen geben, die ihr für euer tägliches Leben braucht. So ist es also gut, eurer Seele, eurem Geist und eurem Körper genügend Schlaf zu geben, denn es ist die Zeit, in der wir euch ganz nahe sein können, weil dann euer Verstand aufhört, sich wie eine Mauer zwischen uns und euch zu stellen oder zwischen euch und eurem Selbst.

Das Bewusstsein Melchizedek

Ich habe schon längere Zeit Heimweh, allerdings nicht nach einem Land, und ich kann mir dieses Gefühl nicht erklären. Kannst du mir sagen, was es damit auf sich hat?

Du sehnst dich nach deiner geistigen Heimat. Deine geistige Heimat ist der Ursprung, der Ort, an dem du dich zum allerersten Mal hinbegeben hast, nach der Schöpfung deines Wesens, das heißt, als das Gottselbst dich in die Emanation hinaus gab.

So ist das der Ort, wo du zuerst warst. Bei vielen ist das ein Ort auf der feinstofflichen Ebene und nicht gleich auf der Erde. Bei vielen sind es Orte auf anderen Planeten und Sternen. Es sind in erster Linie Schwingungsebenen. Orte, in denen du vor allem Positives erlebt hast, wo du sozusagen das Instrument für die vielen Inkarnationen bekommen hast.

Denn dorthin ist deine Urseele, aus der du kommst, auch eingetaucht. So ist dein Heimweh ein Heimweh in deine ursprüngliche Seele und dein Sich-Erinnern an eine Zeit, in der es leichter war.

Nun, Heimweh ist ein Schmerz, und Schmerz ist eine Illusion, ein Glaubenssatz, auch wenn du ihn in deiner Realität sehr bewusst wahrnimmst. Dieser seelische und psychische Schmerz erzeugt Schmerz in der Materie, verstehst du diesen Zusammenhang?

Wenn du aber begreifen kannst, dass du ein geistiges Kind der Quelle bist, aber gleichzeitig ein körperliches Kind der Erde, dann begreifst du, dass du längst schon zu Hause bist, auch hier.

Wenn der Mensch versteht, dass ein vollkommener Gleichwert zwischen Himmel und Erde besteht, dass der Himmel auf der Erde ist, die Erde im Himmel, alles in sich eins, wird sich das Heimweh auflösen.

Dann wirst du dein Erdenleben voll und ganz genießen, und es ist das, was du in diesem Leben wolltest: genießen, zu lernen, dass du die Erde als deine Heimat annehmen kannst, so wie den Himmel.

Dies wird in dir vollkommenen Frieden erzeugen, mit all deinen Inkarnationen.

Das Bewusstsein des Engels All-Liah, Melchizedek und Metatron.

☆☆☆

Ich möchte noch etwas fragen bezüglich der Erde, und zwar: In diesem Sommer hatte ich ganz stark das Gefühl, die Natur, die Erde sei schon aufgestiegen, und mein Gedanke dabei war, da die Zeit ja relativ und nur bei uns von Wichtigkeit ist: Ist die Erde im Feinstofflichen schon aufgestiegen, ist es schon geschehen?

Sehr schön, das gefällt mir, du hast das Prinzip verstanden.

Ja, weil es sich mit allem so verhält: Jeder Gedanke stammt aus einer Vision, die ausgesandt worden ist,– zuerst empfangen und dann ausgesandt, durch das Aussenden bereits entstanden und vollendet und durch die Bejahung in die Materie gekommen.

So hat also die Erde längst die Vision ihres Aufstiegs gehabt, schon unendlich lange, bevor es euch Menschen bewusst wurde. Sie hat diese Vision ausgesandt und somit alles angezogen, was diese Vision verwirklichen kann.

Im Geist ist der Aufstieg vollendet, weil die Erde sich diesen Aufstieg als geschehen vorstellt und erlaubt. Also ist es bereits im Geiste geschehen.

Das, was jetzt geschieht, durch die Bejahung der Erde der Schöpfung, der Vision, die sie ausgesandt hat, wird diesen Aufstieg, dieses Erwachen des multidimensionalen Bewusstseins, vollkommen in die Materie kommen lassen, und die Verschmelzung zwischen ihrem Höheren Selbst, dem sogenannten Paradies und der Erde, wird sich vollziehen können. Das heißt: Ihre geistige Schöpfung wird sich manifestieren und zeigen, sich selbst und allen Wesen, und dem gesamten Universum und dem gesamten Kosmos.

Wann immer ein Wesen, irgendein Wesen und erst recht, wenn ein ganzer Planet aufsteigt, wird Alles-was-ist mit diesem Aufstieg eine Stufe höher gehen, oder, mit anderen Worten, eine weitere Ausdehnung in eine feinstofflichere Dimension vollziehen. Das gilt auch für uns, die Meisterbewusstseine und Engelwesen, verstehst du das?

So hat also die Erde in ihrer Vision euch alle mit einbezogen und angezogen, ihre Vision zu verwirklichen, und darum seid ihr hier, ihr Lichtwesen, darum seid ihr hier zu diesem irdischen Zeitpunkt. Darum seid ihr auch geistige Kinder der Erde und des Himmels, versteht ihr nun?

Das Licht ist in der Erde, und die Erde ist im Licht, der Himmel ist auf Erden, und die Erde ist im Himmel. Liebt den Himmel, den Geist, der sich auf der Erde offenbart, gleichermaßen wie die Erde, die sich im Geist und im Himmel offenbart.

Das Bewusstsein des Engels All-Liah, Melchizedek und Metatron.

☆☆☆

Wir inkarnieren, um Erfahrungen zu sammeln. Eine alte Seele, die bereits hunderte Male auf der Erde inkarnierte, weiß ganz genau, was ihr in ihrem Ausbildungsprogramm, wenn man es einmal so formulieren möchte, noch fehlt. Aber eine junge Seele, die brandneu ist?

Schau: Alles, was göttlicher Gedanke ist, ist im Prinzip vollkommen. Auch eine junge Seele weiß genau, was sie noch alles zu integrieren hat. Nur der Weg dahin ist noch etwas weiter, weil sie nicht schon viele Male inkarniert ist.

Doch im Prinzip, im Moment der Erschaffung, gibt es kein Jünger, Älter, Besser, Weiter, Kleiner, Größer, sondern alles ist vollkommen.

Es kommt darauf an, was die Seele, die inkarniert, entschieden hat, dieses Mal zu lernen. Natürlich fängt eine junge Seele an einem anderen Ort an als eine Seele, die vielleicht schon hundert Mal hier war. Das stimmt.

Doch was ich euch wirklich ans Herzen legen möchte, ist:

Wertet nie, denn dieses geschieht gerade in spirituellen Kreisen, dass man sagt: „Ja, das ist schon eine alte Seele, die ist halt schon weit." Diese alte Seele kann durchaus in vielen Dingen sehr weit sein, aber in bestimmten Dingen noch ganz am Anfang, weil nichts sich immer gleich entwickelt.

Eine junge Seele kann sehr schnell in einem bestimmten Bereich sehr weit kommen und in einem anderen nicht. Das ist der freie Willen jedes Wesens.

Das Bewusstsein des Engels All-Liah, Melchizedek und Metatron.

✩✩✩

Warum vergessen wir alles, wenn wir auf diese Erde kommen?

Alles, was du mitgebracht hast in dieses Leben, das gesamte Potenzial, ist eine Zusammenfassung aller Erfahrungen all deiner Leben. Nun hast du dich in der Geistigen Welt entschieden, wieder zu inkarnieren, weil du vielleicht Vergebung lernen willst. Weil du vielleicht wirklich erfahren willst, was es bedeutet, zu vergeben, ja.

Dann ist es in dem Moment wichtig, dass du für eine gewisse Zeit wirklich all die Erfahrungen der Vergangenheit vergisst. Das heißt nicht, dass das Potenzial nicht vorhanden ist. Aber es schlummert irgendwo. Es schlummert gemeinsam mit deinem Lebensplan.

Nun, in der Geistigen Welt, bevor du dich entschließt, einen Körper anzunehmen, hast du viele Seelen, manche Seelen aus deiner geistigen Familie, die mit dir gemeinsam planen. Da ist es so, dass manch einer vielleicht sagt: „Gut, ich nehme das auf mich, ich werde dieses oder jenes in diesem oder jenem Lebensabschnitt meines Lebens tun. Damit du mir vergeben und Vergebung erfahren kannst." Es ist auch möglich, dass du etwas tust, was der anderen Seele die Möglichkeit gibt, dir die Erfahrung zu schenken, etwas vergeben zu bekommen.

Wenn du dich jetzt komplett erinnern würdest, könntest du diese Erfahrungen niemals machen, weil in der Materie zu sein auf der Erde manchmal schon anstrengend ist.

Ich bin sicher, jeder von euch hat schon einmal gedacht: Also wirklich, ich finde das hier ziemlich unkomfortabel, oder? Da bin ich mir ganz sicher.

Nun, wenn du mit dem ganzen Bewusstsein hier wärst und die Materie mit all dem erfahren müsstest und alles schon wüsstet, würdest du es gar nicht so weit kommen lassen. Es würde dich vorher wegziehen. Dann hättest du eine Chance verpasst, die Erfahrung der Vergebung zu machen. Denn nur, was du wirklich erfahren hast, was du wirklich durch Erleben integriert hast, begriffen hast, vervollständigt dein Selbst.

Nun, in eurem achten Chakra, das ist ein Energiezentrum über eurem Kopf, ist der ganze Lebensplan enthalten. Wusstest du das?

Dort ist alles gespeichert, ähnlich wie bei einem Computerchip, wenn man das mit eurer Technik vergleichen möchte. Mit eurem ersten Atemzug habt ihr euren Computer gestartet. Nun läuft das Programm, das ihr selbst geschrieben habt, weil ihr diese oder jene Erfahrungen machen wollt.

Ihr wisst selbst, wenn so ein Programm läuft, könnt ihr es nicht mittendrin einfach abbrechen, ich glaube, dann würde der Computer abstürzen.

So ist es auch mit eurem Lebensplan. Es gibt Momente, in denen euch euer Leben sehr schwer vorkommt. Und wenn ihr euch dann voll bewusst erinnern würdet, vielleicht bevor ihr euch entschieden habt, diese Erfahrungen hier zu machen, würdet ihr eventuell inmitten eines Setups einfach abschalten. Ihr würdet zurückgehen ins Licht, hättet die Erfahrung nicht gemacht und müsstet sie vielleicht noch einmal durch ein neues Programm machen. Nicht, weil das Göttliche euch sagt: Ihr müsst, sondern weil es der freie Wille dieser Ich-Gegenwart in euch ist, vollständig zu werden.

Das Bewusstsein Vywamus-Lenduce

Über die Liebe

Auf den Flügeln der Liebe schwinge ich die Essenz des kosmischen Herzens zu euch. Das Bewusstsein des Erzengels Hadranael, des Erzengels der Liebe, begegnet euch in diesen Worten, in der Verbindung mit dem göttlichen Prinzip Lady Nada, mit dem göttlichen Prinzip Meister Jesus Sananda und dem göttlichen Prinzip Kwan Yin, dem göttlichen Prinzip Rowena und dem göttlichen Prinzip der Seraphim. Über die Liebe möchten wir mit euch sprechen.

Die Liebe, ein Schwingungswort der Heiligkeit, ein Schwingungswort, in dem, wenn es aus tiefstem Bewusstsein ausgesprochen ist, der Geist der höchsten und heiligsten Existenz mitschwingt.

Liebe. Liebe. Liebe.

Erfühlt dieses Wort und erfüllt es neu mit seiner wahren Bedeutung. Denn über viele Tausende von Jahren wurde dieses Wort in seiner Bedeutung geschmälert. Ein Wort ist Schwingungsträger der jeweiligen Energie. Fühlt dieses Wort wieder. Erfüllt es mit dem Innersten in euch. Begreift, dass ihr diese Liebe seid und dieses Schwingungswort, wenn ihr es denn aussprecht, in Wahrhaftigkeit, in Integrität, in eurem vollen und vollkommenen Fühlen, Liebe in euer Leben zieht.

Auch Liebe ist Geist, ist unendlicher Geist. Liebe ist das göttliche Prinzip des Lebens selbst. Aus der Liebe heraus entsteht alles. Die göttliche Urquelle, der eine Geist, der in allem strahlt, aus allem heraus und um alles herum fließt, ist Liebe.

Licht ist Liebe, und zärtlich erhellt es euch den Tag. Die Sterne in der Nacht, der Mond, sie sind Liebe, denn sie erhellen euch die Nacht. Das Lächeln eines Kindes ist Liebe, denn es erhellt euch euer Leben.

Ein Tier, dem ihr begegnet, das sich an euch schmiegt, ist Liebe, denn es erhellt eure Zärtlichkeit. Jedes Wesen, das euch begegnet und in euch ein Gefühl erzeugt, ist Liebe, denn es führt euch zu euch selbst zurück, durch die Reflexion des eigenen Fühlens. So ist Liebe das Leben selbst.

Liebe ist die Nahrung, die du zu dir nimmst, der Schlaf, der dir des Nachts geschenkt ist, um dich auszuruhen, Liebe ist die Fähigkeit, zu lernen und zu lehren, Liebe ist das Alles. Liebe ist auch das Nichts, denn aus dem Nichts ist das Alles entstanden. Auch im leeren Raum ist Leben. Denn gäbe es keinen leeren Raum, könnte in diesen leeren Raum hinein keine Manifestation geschehen. So ist dies Liebe.

Wenn ihr euch leer fühlt, schwingt in dieser Leere die Liebe. Denn der leere Raum in euch ermöglicht euch eine Öffnung, ein neues Einfließen, eine Aufnahme. Wenn der Raum gefüllt ist in euch, in eurem Herzen, so ist dies Liebe, denn es ermöglicht euch, das, wovon ihr erfüllt seid, auszugießen.

Wenn ihr dies alles tut im Bewusstsein, in der Wahrhaftigkeit des Schwingungswortes Liebe und im Namen der Liebe, um der höchsten und heiligsten Liebe der Existenz die Möglichkeit zu geben, sich durch euer Fühlen, Handeln, Geben und Annehmen zum Ausdruck zu bringen, wird alles, was aus eurem Herzen herausströmt, sogleich in reine Liebe transformiert, und alles, was von außen in eure Herzen hineinfließt, sogleich in reine Liebe transformiert, weil eure Achtsamkeit, eure Aufmerksamkeit in der Liebe ist.

Liebe ist unendlicher Raum. Liebe ist zeitlos. Liebe ist. Sie lebt ewig. Die wahrhaftige, aufrichtige Liebe ist zeitlos, ewig und auf ewig frei.

Sie fließt dort, wo sie fließt, lässt weiterziehen in Liebe, frei von Erwartung. Und begegnet die andere Liebe der Liebe wieder neu, fließt sie gleichsam frei von Erwartung und Vorwurf. Liebe zeigt sich klar, integer, gleichsam, gleichwohl fließend, ewig. Liebe, die aus dem höchsten Schwingungswort Liebe der Existenz hervorkommt, liebt alles gleichsam, unabhängig davon, was betrachtet oder berührt wird. Aus der Liebe heraus ist es immer die eine gleiche Liebe, die strömt und ihrem gleichen Fluss gleichsam allen Segen zuteil werden lässt in ihrer Individualität. Denn die Liebe versteht, was die Liebe, die begegnet, braucht. So ist sie gleichsam, gleichwohl allem zugetan und jedem einzigartig.

Mögen eure Herzen erfüllt sein mit dieser einen, reinen, mit dieser wahrhaftigen Liebe aus der höchsten und heiligsten Existenz. Mögen eure Partnerschaften, eure Ehen, eure Familien gesegnet sein damit. Mögen eure Tätigkeiten, euer Fühlen, euer Denken und euer Lachen, möge eure Wirtschaft, mögen auch eure Politiker, eure Lehrer, mögen all jene in verantwortungsvollen Positionen gesegnet sein und durchströmt und beseelt von dieser einen wahrhaftigen Liebe, der heiligsten, lichtvollen Liebesexistenz, auf dass sie sich nun hier auf Erden durch jedes Bewusstsein zum Ausdruck bringe.

Denn du Liebe strömst unendlich, ergießt dich gleichwohl in alles hinein. Du öffnest das Wesen jedes Wesens für deine Existenz und wandelst mehr und mehr das Bewusstsein eurer Wesen dir entgegen. Höchste, heiligste Liebe, dich preisen wir, dich lieben wir, dich tragen wir in uns, dich gießen wir in die Welt. Möge der ganze Kosmos, alle Bewusstseinsebenen, alle Wesen einzig beseelt von deiner Zärtlichkeit, von deiner wahrhaftigen, klaren, reinen Liebe sich nun zum Ausdruck bringen. In diesem Sinne segnen wir die Liebe, die Liebe selbst in euch und bringen sie zurück ins Bewusstsein der höchsten und heiligsten Liebe der Existenz. Adonai. Elohim. Wir grüßen euch.

Mögt auch ihr beide gesegnet sein im reinen Licht der Liebe, Partnerschaft leben dürfen, beseelt und ganz und gar im Strömen dieser heiligen Rückverbindung, dieser Liebe aus der einen höchsten Liebe der Existenz heraus. Erde, sei gesegnet. In diesem Sinne segnen und grüßen wir euch und ziehen uns zurück.

Das Bewusstsein des Erzengels, Lady Nada und Sananda, Kwan Yin und Lady Rowena und das göttlichen Prinzip der Seraphim

Fragen und Antworten dazu

Wie ist die Liebe entstanden?

Auch dies ist eine Frage aus der göttlichen Kraft. Liebe entsteht nicht, Liebe ist das Leben selbst. Alles, was das Leben unterstützt, ist Liebe, alles, was dem Leben schadet, ist Mangel an Liebe. Wenn du dich betrachtest, dann bist du diese Liebe, die sich aus dem Geist Gottes auf den Weg gemacht hat, Mensch zu werden, diese Liebe weiterzugeben und zu empfangen. Also ist die Liebe schon immer da gewesen. Du warst schon immer in der Schwingung der Liebe. Du kannst die Liebe nicht erschaffen, du kannst sie nur leben.

Das Bewusstsein Vywamus-Lenduce

Wieso braucht es so viel, bis auf der Welt die Liebe herrscht, obwohl sie uns viel besser täte und uns glücklicher machen würde?

Die Frage beschäftigt viele Wesen, viele Herzen, und jeder Mensch auf der ganzen Welt weiß, dass ihm die Liebe besser täte. Warum es so lange geht? Weil ihr so lange schlaft.

An dem Tag, an dem ein Mensch dazu erwacht und begreift, dass diese Liebe in ihm ist, dass er diese Liebe ist, kann er nicht mehr anders, als diese Liebe zu sein, diese Liebe auszudrücken, und wie du ja weißt, wie du es zuvor gehört hast, liebe Seele, die du dich jetzt mit diesen Worten beschäftigst, ist alles Gebet, und so ist diese Erkenntnis ein Gebet, das die Liebe zurückbringt.

Und so säst du Liebe und erntest Liebe, und wenn du Liebe säst und diese Liebe aus dem Bewusstsein kommt, geliebte Seele, aus dem Bewusstsein, dass du nichts anderes sein kannst als diese Liebe, dann rührst du das Herz deines Nächsten und erweckst in ihm dasselbe Bewusstsein.

Und die Welt wird erwachen, denn bereits ein einziges Wesen, das hier auf der Erde zu diesem Zeitpunkt vollumfänglich bewusst wäre, und ich meine jetzt, vollumfänglich in diese Liebe eintauchen würde, diese absolute hundertprozentige Erkenntnis: „Ich bin Liebe" ausstrahlen würde, würde eine gewaltige Welle an Liebe auslösen, eine unglaubliche Kettenreaktion, etwas, das ihr euch nicht vorstellen könnt. Und alle würden erwachen.

Nun fragt ihr, warum dies nicht geschehen ist, als Jesus Christus da war, damals, denn er ist diese Liebe und dieses Bewusstsein gewesen. Nun, damals war die Erde in ihrer Gesamtheit in einer anderen Schwingung und die Menschheit in der Gesamtheit in einer anderen Bewusstseinsebene. So konnte er das Erwachen anschwingen lassen. Zum heutigen Zeitpunkt, wenn ein Wesen wie er noch einmal inkarnieren würde, würde es das Erwachen vollenden, denn das Kollektive, das heißt, die Mehrheit der Menschheit, ist heute bereits so weit, dass sie um die Liebe in ihrem Herzen weiß, auch wenn sie längst nicht immer gelebt wird.

So bittet vereint, bittet vereint darum, dass ein Wesen auf dieser Erde sein Herz öffnen und in eine vollendete Verschmelzung des Christus eintauchen möge und zum Christus werde, damit die Erwachungsenergie vollendet werden kann und die Erde lebendes Paradies ist, denn das Paradies ist in euch, wie ihr es schon einige Mal gehört habt.

Das Bewusstsein Vywamus-Lenduce

Warum ist für den Menschen die Liebe so kompliziert?

Liebes, die Liebe ist so lange kompliziert, bis du gelernt hast, dich selbst bedingungslos zu lieben. Dann verliert die Liebe alles Komplizierte und ist einfach nur schön, einfach nur Liebe.

Wenn du dich selbst bedingungslos liebst, und das ist Liebe, die nichts mit Egoismus zu tun hat, sondern ein liebevolles Annehmen des eigenen Wesens, dann wirst du einen Menschen finden, wirst du Menschen begegnen, die dich auf dieselbe Weise lieben, wie du dich liebst.

Und weil du dich so liebst, wirst du den anderen auf dieselbe Weise lieben können, denn der andere kann dich nur so lieben, wie du dich liebst, weil er gelernt hat, sich so zu lieben, wie er ist. So wirst du anziehen, was dir gleicht.

Das Bewusstsein Vywamus-Lenduce

Woraus besteht die Liebe?

Die Liebe besteht aus Leben.

Liebe ist Leben, ein einfacher Satz, und doch steckt viel mehr darin. Alles, was das Leben fördert, alles, was lebendig erhält, alles, was das Leben unterstützt, ist Liebe. Also unterstütze dein Leben, dein Lebendigsein, dann liebst du dich. Also unterstütze das Leben und das Lebendig-sein in allen Wesen, dann liebst du, denn die Liebe in dir ist die göttliche Liebe, die sich ausdrückt, denn jede Liebe, die du spürst, ist immer die Liebe Gottes, die sich verschieden ausdrückt, und Gott selbst unterstützt das Leben, weil er das Leben selbst ist.

Wie könnte Gott das Leben ablehnen? Dann würde er sich selbst ablehnen. So ist er bedingungslose, allumfassende Liebe, die Liebe, die du in Wahrheit bist. Amen.

Liebe ist Leben.

Das Bewusstsein Vywamus-Lenduce

☆☆☆

Das Sprichwort „Liebe und tue, was du willst", was heißt das genau, auf unseren Alltag bezogen?

Liebe ist Leben. Lebe und tue, was du willst. Was du willst ist das, was dein ICH BIN will, eben das Gute, von dem auf den Seiten zuvor gesprochen wurde.

Tue, was du willst, bedeutet nicht, dass du um jeden Preis

etwas wollen und es durchsetzen sollst, auch wenn du dabei anderem Leben schadest.

Nein, es bedeutet, dass du lernst zu verstehen, was Gott in dir will, das Göttliche, das du bist, und dann dieses Wollen umsetzt.

Zum Beispiel: Du spürst, dass du dich berufen fühlst, einen Beruf zu lernen, der vielleicht mit Farben zu tun hat. Du fühlst das schon lange, weil du Farben liebst. Und nun spürst du, dass das ICH BIN, das du bist, dir ganz klar die Richtung zeigt und setzt alles daran und tust, was du willst.

Denn du willst diesen Weg gehen und diesen Beruf lernen, damit du deiner Bestimmung folgen kannst und genau das machst, weshalb du hier auf der Erde bist. Das ist „Liebe und tue, was du willst". Damit wirst du das Leben unterstützen. Das ist Liebe.

Wenn du jedoch in dir den Ruf verspürst, Maler zu werden oder Bildhauer oder was auch immer, aber einen anderen eigenen Willen einfließen lässt, weil du vielleicht Bequemlichkeiten liebst, weil du vielleicht Angst hast, nicht bestehen zu können, oder weil du vielleicht irgendwelche materiellen Ansprüche hast, die dadurch verhindert werden, dann kann der Eigenwille kommen, und du wirst dann alles daran setzen zu verhindern, diesen Beruf zu lernen, für den du eigentlich geboren bist.

Du wirst alles tun, um den Eigenwillen zu bekommen. Du wirst dich wehren gegen Fleiß, du wirst dich dagegen wehren, Gutes umzusetzen, Sinnvolles zu tun, und das, Liebes, ist dann das Ego, das um jeden Preis etwas will, weil es einfach will, rücksichtslos, auch wenn dadurch der Wille aus der Seele heraus gehindert wird.

Wenn du das verspürst, dann weise dein Ego in seine Schranken und sage: „Ich weiß, ich bin geboren, um diese Bestimmung zu erfüllen, und ich wünsche, dass mir geholfen wird, meinen Eigenwillen abzulegen, mein Ego zu beruhigen und meinen Eigenwillen dem Seelenwillen in mir zu übergeben." Dann wirst du Hilfe bekommen, und du wirst erstaunt sein, wie schnell du umsetzen kannst, was deine Seele wirklich will, und deine Bestimmung gehen kannst.

Und so verhält es sich mit vielen anderen Dingen auch. Prüfe immer wieder gut, ob dein Wille aus Eigenwillen geschieht, aus dem Ego heraus, oder, wie ihr Menschenkinder das in euren Worten sagt: dem inneren Schweinehund, der Faule, der, der sich wehrt, ja?

Es ist ein unanständiges Wort laut euren Erziehern oder Eltern, aber es zeigt auf, worum es geht. Prüft, welche Stimme da in euch spricht. Und wenn ihr feststellt, dass es eben dieser ist, weist ihn in die Schranken, werdet ruhig und überlegt, ob das euer Leben unterstützt oder nicht.

Und stellt ihr fest, dass es euer Leben nicht unterstützt, dann ist es nicht Liebe, dann lasst es, löst es auf und übergebt es dem höheren Willen, der in eurem Herzen ist.

Tut das, was euer Leben unterstützt.

Seid gesegnet. Leben ist Liebe. Liebe ist Leben.

Das Bewusstsein Vywamus-Lenduce

☆☆☆

Warum haben wir so viel Angst vor Nähe und sind darum oft so alleine, und warum müssen wir so lange suchen, bis wir den passenden Partner finden?

Der Mensch fürchtet sich vor Nähe, vor Berührung, vor Tiefe, davor, wirklich tief verbunden zu sein mit jemandem. Warum fürchtet sich der Mensch davor? Weil er Angst hat, das, was er liebt, zu verlieren. Warum hat der Mensch Angst zu verlieren, was er liebt? Weil er glaubt, dass, wenn das andere geht, er dann alleingelassen ist und dieses andere nie wiedersieht.

Und dies glaubt er, weil er nicht begriffen hat, dass er eins ist, dass er unmöglich einen Freund verlieren kann. Und diese Angst kommt aus der Urangst heraus, sich selbst zu verlieren.

So verhindert ihr Freundschaft, weil ihr Masken tragt, weil ihr euch verstellt, um nicht wirklich berührt zu werden. Seid wahrhaftig, seid, wer ihr seid, was ihr fühlt, was ihr wünscht, was ihr hofft, denn so könnt ihr Freunde finden, Partner finden.

Denn Freunde und Partner sind Menschen, die euch und in euch sich selbst wieder erkennen. Wenn ihr also frei von Masken, ganz ehrlich und wahrhaftig aus eurem Herzen heraus zeigt, wer ihr seid, was ihr wünscht, was ihr wollt, woran ihr glaubt, was ihr liebt, dann findet ihr verwandte Seelen.

Wenn ihr jedoch weiterhin den Weg der Masken geht und der Karneval nicht nur im Februar ist, sondern das ganze Jahr, in ganz kleinen Dingen sogar, dann kann der andere, der euch kennenlernt, nicht wirklich euch kennenlernen und wird nur an der Oberfläche bleiben, weil er mit der Maske in Kontakt tritt, und das verhindert Freundschaft und Partnerschaft.

Löst von eurem Sein den Schleier ab, den Schleier der Illusion, den Schleier der Lüge, den Schleier der Maske und seid integer. Seid, was ihr seid, offen und wahrhaftig, frei von Angst, denn wenn ihr zeigt, wer ihr seid, dann hat alles Verletzen ein Ende, denn nur, wenn der andere, der dir begegnet, erkennen kann, wer du bist, kann er auch Rücksicht auf dich nehmen.

Also schützt euch nicht aus Angst davor, verletzt zu werden, denn diese Form des Schutzes erzeugt Distanz und ist eine Illusion, weil der andere eure Grenzen nicht wahrnehmen kann und deshalb erst recht über diese Grenzen tritt. Es ist also eine Pseudoform von Schutz. Vielmehr seid offen und wahrhaftig und zeigt, wo euch etwas wehtut, sagt es, sprecht es aus in Frieden, und der andere kann euch erkennen, kann eure Grenzen erkennen und wird dann auch aufhören, darüberzutreten, denn in der Tiefe eines jeden Wesens ist auch der Wunsch, lichtvolle Begegnungen zu haben.

Bei manchem Wesen kann es lange dauern, bis der richtige Partner ins Leben kommt, denn manch einer soll zuerst vergangene Beziehungen heilen oder die Familienkonstellation, in der er aufgewachsen ist, heilen und erlösen, damit er eine Partnerschaft, die frei ist, eingehen kann.

Eine Partnerschaft, die echt ist, die wahr ist, die keine Masken trägt, bedarf der vollkommenen Wahrhaftigkeit, denn so lange ihr alte Verletzungen herumtragt und diese hütet, habt ihr Masken auf.

Mancher muss auch über mehrere Beziehungen und Partnerschaften gehen, weil jede Partnerschaft wieder ein Schlüssel ist für seine Entwicklung, weil er gewählt hat, über Partnerschaft und Beziehung zu lernen. Auch das ist gut so. Und wenn er dann reif ist, wird er der richtigen Seele begegnen. Doch „richtige Seele" ist auch ein menschlicher Ausdruck, denn in dem Sinne ist dann doch jeder Partner für den Moment der richtige, weil das, was gelernt werden sollte, durch diesen Partner gelernt wurde und es möglich gemacht hat, den Liebes-/Lebenspartner zu finden.

So wünsche ich euch allen, ihr alle, die ihr diese Botschaften aus dem Licht lest oder hört, dass ihr gesegnet seid mit richtigen Partnerschaften, mit der Fähigkeit zu erkennen, wo ihr Beziehung eingehen sollt in Freundschaft, in Brüderlichkeit oder in Partnerschaft auf verschiedenen Ebenen. Ich wünsche euch, dass ihr gesegnet seid, den Liebes-/Lebenspartner wirklich zu treffen oder zu erkennen, dass er schon längst an eurer Seite ist. Denn mancher von euch vermag nicht mehr zu erkennen, dass er längst mit der Liebe seines Lebens zusammen ist.

Die Liebe deines Lebens ist in dir und dein Gegenüber spiegelt dir dich selbst. Amen.

Das Bewusstsein Vywamus-Lenduce

Sind Zwillingsseelen und Dualseelen dasselbe?

Nicht genau. Es gibt da einen leichten Unterschied. Die Dualseele ist effektiv ein Anteil deiner selbst, der eine vollständige Seele repräsentiert, die aus verschiedenen Seelenanteilen deiner ursprünglichen Seele gewoben wurde.

Diese kann inkarniert sein, tatsächlich in menschlicher Gestalt und zur selben Zeit wie du, aber an einem anderen Ort oder in verschiedenen parallelen Welten und Dimensionen, wenn man so sagen darf.

Dualseelen sind Seelen, die zurückkehren zu deiner ursprünglichen Seele und dann zur göttlichen Quelle, und die Erfahrung, die sie auf ihrem Weg durch ihre Inkarnationen und Daseinsebenen gemacht haben, zurückbringen.

Dieser Erfahrungsschatz ist dann auch der auf der Erde lebenden Seele zugänglich.

Zwillingsseelen sind Seelen, die in derselben Frequenz schwingen wie du und denen du begegnest, um dir selbst zu begegnen, um dich zu erinnern, wer du in Wahrheit bist.

Unterschiedliche Menschen können plötzlich zu einer Zwillingsseele von dir werden. Heute kennst du diese Zwillingsseele, bist vollkommen eins mit ihr, so lange, bis ihr alles ausgetauscht habt, was ihr euch vorgenommen hattet.

Dann verändert sich die Frequenz, und das Wachstum eures Seins zieht eine andere Zwillingsseele in deine Gegenwart.

Zwillingsseelen gelten für euer Verständnis oft auch als Idealpartner, aber diese Idee stammt vielmehr aus dem Wunsch, Synthese zu leben mit dem Partner, aber Wachstum entsteht, indem ihr euch begegnet und voneinander lernt.

Eine wirkliche, totale Synthese in einer Partnerschaft zu leben, wäre wenig nützlich. Zwillingsseelen begegnen dir, um dein Herz für deine Dualseele zu öffnen, aber die Zwillingsseele stammt in der Regel aus derselben Seelenfamilie, aus den gleichen Ebenen.

Es gibt verschiedene Ebenen, verschiedene Daseinsebenen und Gruppen, die vom Urschöpfer ausgegangen sind und große Wesen, Schöpferwesen, im Ursprung haben, und diese haben aus ihrem Licht, das der Urschöpfer ihnen in ihr Dasein mitgegeben hat, andere Wesen geschaffen.

Das ist dann so eine Art Familie, verstehst du?

Es ist so, wie ihr es auf der Erde habt. Irgendwann hattet ihr einmal den Anfang in eurer Ahnenreihe. So sind Zwillingsseelen eure spirituelle Ahnenreihe, verstehst du das?

Das Bewusstsein Vywamus-Lenduce

Warum verliert man immer geliebte Menschen oder Tiere?

Erinnerst du dich an die Frage zuvor? Da habe ich gesagt, dass so manche Beziehung nicht eingegangen wird, aus Angst, das Geliebte wieder zu verlieren. Es ist wichtig, dieses Wort „immer" aufzulösen. Wenn es irgendwie geht, lösche es aus deinem menschlichen Wortschatz heraus, denn das Einzige, was immer und ewig ist, ist Gott selbst.

Menschen, die dir nahestehen, haben ihre Zeit, ihr habt miteinander eure Zeit, und diese Zeit ist bestimmt, ihr habt sie selbst ausgemacht. Und wenn der Auftrag erfüllt ist, wird der eine oder andere gehen. Dies wird öfter geschehen, doch wichtig ist für euch zu erkennen, dass ihr den Menschen, das Tier nicht verloren habt, denn die Seele lebt weiter. Sie ist da.

Oder wenn jemand geht, weil er sich trennen möchte oder wegzieht. Du hast in jedem Moment die Möglichkeit, in der Seele verbunden und in Kontakt zu sein, denn über das Herz seid ihr alle miteinander verbunden.

Wenn der Mensch wieder lernt, dass man über das Herz miteinander sprechen kann und die einzige Trennung die physische ist, weil man sich durch diese Trennung nicht mehr in den Arm nehmen oder berühren oder über das menschliche Ohr hören kann, wenn er wirklich erkennt, dass er Seele ist, dann hat alle Einsamkeit ein Ende, alles Verlassenwerden ein Ende.

Jeder Abschied ist ohne Bedeutung.
Denn dann bejaht der Mensch das Leben selbst und die Seele allen Seins. Dann kannst du, wenn du möchtest, einen geliebten Menschen, ein geliebtes Tier erreichen, indem du einfach an dieses Wesen denkst, und dann wirst du spüren, wie eine Welle von Liebe zu dir zurückkommt und wie durch dieses Aussenden der Gedanken eine Resonanz entsteht.

Es ist dasselbe, als wenn du die Saite einer Gitarre anschwingst und ein Ton entsteht. Der Gedanke der Liebe, den du aussendest, kehrt zu dir zurück, und du wirst in deinen Gedanken mit diesem Wesen, mit diesem Tier oder diesem Menschen ganz deutlich eins sein und Liebe spüren, die zu dir kommt, und Antwort bekommen auf deine Frage: Wie geht es dir? Was machst du? Wo bist du? Kannst du mir einen Rat geben? All dies ist möglich.

Du kannst mit denen sprechen, die gegangen sind. Freue dich darüber und übe, denn je mehr du übst, desto mehr wirst du Bestätigung bekommen, umso mehr wirst du dich sicher fühlen, umso mehr wirst du erkennen, dass du das Wort „immer" loslassen kannst, und dann wird das Abschiednehmen unnötig.

Sei gesegnet mit viel Erkenntnis, mit viel Erwachen und mit vielen Antworten auf Gedanken, die du aussendest. Amen.

Das Bewusstsein Vywamus-Lenduce und Lady Nada

Über die Beziehung zwischen Mensch und Tier

Auf den Wellen der Natur, im Grün des Waldes, im Blau des Wassers, im strahlenden Licht eines Sonnenunter- oder -aufgangs, auf den Flügeln des Adlers, im geschmeidigen Gang des Geparts, auf der Schwingung aller Tiere, der Erde, der Pflanzen und im Geist der Schöpfung begegnen wir euch Menschen, all ihr Wesen, die ihr existiert, jene, die auf der Erde sind, wie auch jene, die sich auf verschiedenen Schwingungsebenen im Geist befinden.

Das Bewusstsein Sandalphon und das Bewusstsein der Engel, die die Fauna begleiten, und auf dem Bewusstsein der Fauna selbst sprechen wir zu euch, ausgesandt aus dem kosmischen Herzen, euer Herz zu öffnen und zu erweitern für die Schönheit der Natur, für die Pflanzen, das Wasser, die Erde, die Steine, die Tiere. Sie alle sind eure Geschwister, Geist aus dem gleichen Geist, der sich manifestiert hat, um euch zu begleiten.

Denn wie leer, wie schwer wäre die Dichte, hätten sich die großen lichtvollen Engel anders entschieden und ihr könntet die Begegnung mit der Natur und mit den Tieren nicht leben.

Sie sind eure Schwestern und Brüder, sie sind Engelwesen wie ihr und wie wir.

Sie begegnen euch in allen Tieren, und jedes Tier trägt in sich auf seinem Schwingungsnamen eine Fähigkeit, ein göttliches Prinzip, von dem ihr lernen könnt. Betrachtet die Tiere als eure Lehrer.

Begegnet euch eine kleine Katze, zeigt sie euch die Fähigkeit, selbstständig zu sein, dem eigenen Ruf zu folgen und ist dennoch bereit, vollkommene Nähe und Zärtlichkeit zuzulassen, wenn es für diese Seele stimmig ist. Und so lehrt euch der Hund in seinem Wesen Treue, Freundschaft, Geduld und Kraft sowie die Fähigkeit, sich zugehörig zu fühlen und dort Beschützer zu sein, wo wahrgenommen wird, dass Geborgenheit benötigt ist.

So zeigen euch die Vögel das vollkommene Vertrauen auf ihre Flügel, sich spielerisch gleiten zu lassen. Und so zeigen euch die Wale die Fähigkeit, tief abzutauchen und vollkommene Ruhe zu leben. Ihre Wahrnehmung ist wach, denn sie hören einander selbst dann, wenn sie unendliche Weiten voneinander entfernt sind. Und so lehren euch die Delfine die Klarheit, das Spielerische, die Freude am Wellengang des Lebens und dennoch die Fähigkeit, ganz still und manchmal auch alleine dahinzugleiten.

Und so lehren euch alle Tiere so viel. Selbst der kleine Regenwurm, der sich geduldig durch die Erde bohrt, tiefer und tiefer, und in diesem Schattendasein innerhalb der Erde der Erde selbst Raum gibt, dadurch, dass er mit seinem Lebenszweck, in der Erde zu sein, die Erde für die Pflanzen auflockert, die ihre Wurzeln dadurch leichter ausbreiten können.

Seht die Engel der Natur, wie sie euch lehren, dass alles eine Ordnung in sich trägt und innerhalb dieser göttlichen Ordnung alles einander gegenseitig Begleitung und Unterstützung ist.

Lernt von diesen wunderbaren Engeln, von diesen wundervollen Wesen.

Seht die Pferde, kraftvoll, stolz, frei und dennoch unendlich vertrauensselig. Und in ihrem Vertrauen und ihrer wahrhaftigen Freundschaft so geduldig und bereit, euch zu helfen, zu tragen.

Seht die Rehe in ihrer Schüchternheit, ihr scheues Wesen, und dennoch ist da enorme Kraft, Lebenskraft, ja, Überlebenskraft.

Über die Beziehung von Mensch und Tier gibt es so vieles zu sagen. Die Tiere sind hier, um euch zu begleiten. Sie haben ihr Engeldasein heruntertransformiert, um euch Lehrer zu sein. Werdet euch dessen wieder mehr bewusst.

Wenn euch Tiere begegnen, überlegt euch, was die Qualitäten dieser wunderbaren Wesen sind, denn es ist die Qualität, die du von ihnen lernen kannst. Und so ist es in der Liebe geplant, dass ihr Menschen nun erwacht zu neuem Naturbewusstsein, zu neuem Erkennen, dahingehend erwacht, dass ihr in die göttliche Ordnung eintretet und zurückkehrt, durch Erwachen eures Bewusstseins und mit den Tieren beginnt, im Gleichklang zu leben, in Achtung und Dankbarkeit.

Die Liebe will erkennen, was Tiere euch allen zur Verfügung stellen. Und so könnt ihr miteinander in ein neues Gleichgewicht hineingehen, das geprägt ist von Liebe, Achtung und Achtsamkeit.

Und viele der Tiere, die ihr verloren geglaubt in dieser Welt, können langsam zurückkehren in eine geheilte Welt, denn es gibt Räume auf dieser Erde in feinstofflichen Schwingungsebenen dicht bei der Erde, wo diese Wesen ihre Zellinformationen immer noch aufrechterhalten.

Wenn die Erde reif ist dazu und den Schritt in ein höheres Bewusstsein gegangen ist, können sie langsam wiederkehren. Dann wird Frieden sein zwischen Mensch und Natur.

Darum seid dankbar, dankbar den Tieren gegenüber für das, was sie euch gaben, bis hin zur Lebensessenz von ihrer Essenz, von ihrer Zellsubstanz. Seid dankbar und segnet sie, und segnet alle Tierseelen, die euch jemals ihren Segen gaben, sei es durch Begegnung wie auch durch die Zellsubstanz, die ihr zu euch genommen habt.

So heilt ihr all dieses, heilt ihr die Wunden zwischen Mensch und Tier.

Wir sind hier, um euch dahin zu begleiten, denn das Bewusstsein Sandalphon war eines der Bewusstseine, das schon an der Schöpfung selbst mitwirkte.

Und so segnen wir euch alle im Namen der Liebe zur Natur, zu Wald, Wiese und Flur.

Im Namen der Liebe zu allem Leben, zum Erkennen der Engelgegenwart aller Wesen der Existenz. Und somit auch zum Erkennen der eigenen Engelgegenwart.

Wenn Engel und Engel sich begegnen, ist das, was zwischen ihnen fließt, reine Liebe. Darum segnen wir euch mit reinster Liebe.

Seid gesegnet mit dem Verstehen um die Beziehung zwischen Mensch und Tier, zwischen Erde und Mensch, zwischen Himmel und Erde, zwischen Existenz und Leben, zwischen Liebe und Schöpfung, zwischen Schöpfung und Heimkehr und seid durchströmt von alledem.

Amen, Adonai, Elohim.

Das Bewusstsein Sandalphon und der Engel, die die Fauna begleiten, und das Bewusstsein der Fauna

Fragen und Antworten dazu

Soll es so sein, dass Menschen, Tiere und der Rest der Natur eins werden?

Groß ist der Wunsch in dir, groß ist der Wunsch im Menschen, diese Einheit zu erfahren. Es ist dies so, weil der Mensch sich in seiner Seele erinnert, dass er aus dieser Einheit kommt und durch den Erdengang vergessen hat, wie sich diese Einheit lebt.

Du bist eins mit allen Wesen, du bist eins mit den Tieren, du bist eins mit den Pflanzen, mit der Erde, mit dem Universum, du bist eins mit Gott, mit Christus. Das Einzige, was du sein kannst, ist eins sein mit allen. Das ist das Ziel, auf das ihr alle zugeht und mehr und mehr zu verstehen beginnt.

Das Bewusstsein Laotse in Verbindung mit Lenduce

☆☆☆

Werden die Tiere vertrauter zu den Menschen?

Ja, es ist richtig, dass, wenn immer mehr Menschen in dieses Bewusstsein eintauchen, sie miteinander eine Schwingung erzeugen, die von so großer Liebe geprägt ist, dass die Tiere ihre Furcht verlieren, aller Kampf ein Ende hat und alles miteinander in Frieden existiert.

Doch dies wird noch eine Zeit dauern, aber ihr seid auf dem Weg, und viele haben bereits ihr Gefühl von Einheit und Liebe in das kollektive Feld dieses Einsseins, dieser Göttlichkeit hineingegeben. Darum wird diese Kraft immer größer, und wenn ihr Menschen darauf vertraut, dass ihr es schafft, dann habt ihr es geschafft.

Das Bewusstsein Laotse in Verbindung mit Lenduce

☆☆☆

Werden jemals alle Menschen auf ihr Herz hören?

Versuche im Alltag dein Einssein zu spüren, denn das Kostbarste, was der Mensch hat, ist sein Gefühl, es führt ihn zurück in dieses Bewusstsein.

Wenn du eine Pflanze in deinem Zimmer gießt, tu es bewusst, versuche alles, was du tust, immer wacher und bewusster zu erfahren, zu erfühlen, zu erleben.

Wenn du auf einem Fahrrad sitzt und durch die Natur fährst, tue dies bewusst. Nimm den Wind bewusst wahr, höre bewusst den Kies unter den Rädern knirschen, betrachte die Bäume bewusst, die Tiere, die Vögel, die singen, höre ihnen bewusst zu. Tu dies immer häufiger, auch wenn du in der Schule bist und etwas lernst.

Tu dies bewusst. Sei dir bewusst, dass der Lehrer genauso göttlich und bemüht ist, seine Liebe dort hineinzulegen, was er dir an Antworten gibt auf deine Fragen, genauso, wie die Natur dir Antworten geben möchte oder dir deine kleine Katze Antworten gibt. Denn darum bist du da, so wie du bemüht bist, dein

Wesen hineinzubringen in diese Welt, so ist jedes Wesen im Innersten darum bemüht, denn darum seid ihr alle da.

Sei dir bewusst, dass, wenn du wach bist, wenn du in allem diese Göttlichkeit erkennst, dieses Einssein, du eines Tages eintauchen wirst in ein Gefühl von Frieden, von Geborgenheit, das so unermesslich groß und tief ist, dass diese Liebe dich vollends durchschwingt und du erkennst, dass jedes Wesen dein Lehrer ist und du sein Schüler. Dass im gleichen Atemzug du der Lehrer bist für jedes Wesen und dieses dein Schüler.

Dass ihr alle miteinander einen enormen Reichtum, eine unglaubliche Fülle an Wissen, Weisheit, Wahrheit, Güte, Liebe, Licht und Kraft in euch tragt, die ihr vereinen könnt. Dann ist Friede zwischen allen Wesen, dem Menschen und der Natur.

Dann ist das Weltenparadies geboren.

Laotse in Verbindung mit Lenduce

☆☆☆☆☆

Was geschieht mit den Tierseelen, wenn sie in die Geistige Welt kommen, gehen sie den ganzen Transformationsweg wie wir Menschen, oder sind sie schneller in der Geistigen Welt?

Eine gute Frage. Die Tiere sind weit schneller, weil sie von ihrem Wesen her nicht persönliche Vorteile suchen oder der Materie verhaftet sind.

Tiere sind Lichtwesen, die auf die Erde kommen, die sich

manifestieren, um euch Menschen zu begleiten und zu helfen. Es sind sehr lichtvolle Wesen, und der Irrtum vieler Menschen über viele Jahrhunderte hindurch, dass Tiere keine Seele hätten oder ohne Gedanken und Gefühle seien, wird sich jetzt immer mehr auflösen, denn die Menschen werden erkennen, welch großer Segen jedes Tier ist. Diese Tiere haben Engel und Naturwesen um sich, die ihnen sofort helfen. Beim Menschen dauert die Ablösung der gesamten Odkraft ungefähr drei Tage, beim Tier jedoch nur drei Minuten, denn das Tier ist sich bewusst, dass es in jedem Augenblick in Gott ist.

Das Bewusstsein Lord Buddha

Warum werden Tiere, die mit uns leben, oft krank, obwohl wir ihnen vermeintlich alles geben, was sie brauchen?

Der Strahl Kuthumis grüßt die wunderbaren Tierseelen in eurer Mitte, deren Höheres Selbst leuchtend und strahlend weiß ist.

Denn wisset, das Tier ist in seinem Geist frei von jeder Form der Wertung, von jeder Form der Abtrennung und in der Einheit mit seinem Höheren Selbst. Ein Tier handelt immer, in jedem Augenblick, aus dieser Einheit heraus, und daher ist jede Krankheit, die ein Tier berührt, ein Ausdruck dessen, dass dieses Wesen sich zur Verfügung gestellt hat, Energien für den Menschen umzuwandeln.

So erkrankt das Tier am Menschen und nicht um seiner selbst willen. Die Tierseele hier auf der Erde ist vollkommen rein. Das, was in der Tierseele an Schwingung ausgelöst wird, was zur Krankheit führt, ist die Gedankenkraft der Menschen im Kollektiven, die im Tier Unreines, Niederes sehen und dadurch dem Tier die Reinheit absprechen.

So ist es wichtig, für euch zu begreifen, dass ihr eure Liebe, euer Herz öffnet für die Tierwelt, für die Pflanzenwelt, für alle Wesen der Natur und ihnen die Heiligkeit zurückgebt in eurem Fühlen und Denken.

Denn der Frieden, der einst auf der Erde herrschte, als die Erde noch ihre ursprüngliche Schwingung trug und feinstofflich war, dieser Frieden, diese Liebe, wo selbst Löwen mit Hasen in Frieden zusammenlebten, wurde gestört durch die Denkweise des Menschen.

Doch dies ist keineswegs ein Vorwurf an euch, denn das Göttliche wollte sich in der dichtesten Frequenz erfahren.

Mit unendlicher Liebe schaute das Christusherz auf euch und auf euren Weg, auf all die Kriege, auf alles, was an Schmerz geschehen ist und die Erde immer mehr verdichtet hat.

Das kosmische Herz betrachtete euren Weg, und es war mit tiefer Dankbarkeit erfüllt, dass ihr Wesen euch bereit erklärt hattet, in diese Dichte hineinzugehen, als einzigartige Substanz die Dichte zu erfahren und sie zurückzubringen in die höchste Schwingung.

Doch nun ist es vollbracht. Nun hat das Göttliche befunden, dass es Zeit ist, diese Dichte, diese Erfahrungen zurückzubringen in das liebende Herz und von dort neu auszugießen, die Schwingung der Manifestation in eine höhere Ebene hinein, in einem neuen Frieden, in eine neue Liebe, um sich selbst zu erfahren in einem sanften Entwicklungsprozess auf einem neuen Weg, sich in einen neuen kosmischen Tag auszugießen. Es möchte erfahren, wie es sich anfühlt, wenn alles, was das Göttliche ist, auf dieser nächsthöheren Schwingungsstufe sich freiwillig noch einmal zurückbewegt in das Ganze, wenn der nächste kosmische Tag vollendet ist.

Dieser Weg soll voller Frieden sein, voller Liebe, voller echter, wahrhafter Kommunikation. Wahrhaftig soll euer Sprechen und euer Denken sein, wahrhaftig eure Begegnung mit der Tierwelt, mit der Pflanzenwelt, mit dem Wasser, der Erde, der Luft und dem Feuer, dem Metall und den Steinen.

Und Sanat Kumara lenkt aus hohen Ebenen das perlmuttweiße Licht nun auf die Erde, um sie zu durchlichten. Regenbogen um Regenbogen spannt sich über die Erde.

Das Energiefeld der Erde öffnet sich neu, und die Erde wird umhüllt von einem Regenbogen der schönsten Art. Dieser Regenbogen ist reine Schwingung und bringt die Erde immer höher, immer mehr in feinstoffliche Ebenen hinein.

Die Tiere sind die großen Helfer, die lichtvollen Aspekte göttlicher Prinzipien, der Erzengel, die sich hier manifestiert haben, so wie ihr. Ihr seid ihnen also gleich und sie euch.

Sie haben sich entschlossen, auf die Erde zu kommen, um euch zu begleiten, euch das Bewusstsein wieder zu öffnen, vollkommen frei und wahrhaftig zu sein, denn sie sind wahrhaftig in ihrem Fühlen, in ihrem Handeln.

Sie zeigen euch wahrhaftig, was in jedem Augenblick in ihnen vorgeht.

Lebt von nun an in Wahrheit, in Wahrheit euch selbst und anderen gegenüber.

Und das einzige Wahrhaftige ist das göttliche Gesetz, das eine Gesetz, dass ihr Licht seid, dass ihr Liebe seid, dass ihr das Ganze seid, die Einheit.

Lernt von den Tieren.

Das Bewusstsein Kuthumi und der weibliche Strahl des Christus Logos

Über Krieg und Frieden

Im Namen des Friedens kommen wir zu euch. Der blaue Strahl der Ruhe, des Friedens, der königsblaue Strahl der Gerechtigkeit ströme ein in diesen Raum. Das Bewusstsein des Friedens ist das Bewusstsein der vollkommenen Stille, die auch im Tosen der aufgewühlten Gefühle vollkommene Ruhe, vollkommenen Frieden aufrechterhält.

Durch die Kraft der Manifestation des Irdischen strömte Dualität auf die Erde, und die Erde spiegelte den Menschen das eigene Maß an Frieden in ihnen wider. Mangel, Angst vor Verlust, Einsamkeit, sich verlassen fühlen von der Schöpfung, traten in das Bewusstsein der Menschen durch die Erfahrung, dass sie in der Dichte der Materie um ihr körperliches Überleben kämpfen mussten, weil ihr Geist aus der Stille herausgetreten war und die Vorstellung des Kampfs zugelassen hatte.

Und so erzeugten die Menschen immer mehr eine Energie des Kampfes. Sie kämpften um alles, was ihnen lieb und teuer war. Sie kämpften um materielle Dinge, um Ansehen, um Status, um die Liebe, um den Frieden und erzeugten mehr und mehr Energie des Kampfes. Einmal ausgesandt in das Universum, zog diese immer wieder gleichgeartete Energie an.

Der allererste Kampf zwischen zwei Menschen erzeugte das erste Schuldgefühl, die erste Form des Unfriedens, die erste offene Rechnung. Weil der Mensch damals nicht in der Lage war, diesen Kampf zu vergeben, loszulassen, wurde dieser weitergekämpft. Jahrtausende, immer wieder aufs Neue, kämpften die Menschen ums Überleben, um Nahrung, Freiheit und vieles mehr.

Sie begriffen nicht, dass Krieg neuen Krieg hervorruft. Sie verwechselten das aufrechte Dastehen voller Selbstachtung im Gewahrsein der eigenen Göttlichkeit mit dem Aufstehen und damit, sich über andere zu erheben. Und bald schon zählte der Status mehr als das Leben.

Nun aber ist eine Zeit, in der Kriege erlöst werden dürfen, in der durch das Einfließen des Strahls des Friedens alte kämpferische Handlungen aufgelöst, losgelassen werden können. Und durch den Strahl der Gerechtigkeit entsteht Ausgleich, der aus dem Frieden heraus geboren ist. Ausgleich ist nicht gleich Ausgleich.

Bis dahin lebte der Mensch nach dem Prinzip: Ausgleich ist mir gegeben, wenn der andere gleiches Leid erfährt wie ich, oder wenn er mir das zurückgibt, was er mir genommen hat. Und das alte Gesetz des Karmas hatte noch Gültigkeit.

Doch jetzt ist eine Zeit, in der Ausgleich durch die Energie des Friedens entsteht, durch die Erkenntnis der Selbstachtung und somit auch der Achtung anderer Wesen gegenüber. Ausgleich entsteht dort, wo in Frieden Schulden erlassen werden können, wo in Frieden Ausgleich erzielt wird. Und manchmal beinhaltet dieser Ausgleich auch, sich selbst einen Ausgleich zu gewähren, indem man sich selbst Frieden gewährt. Durch Handeln klar und rein, in der Liebe, stark im Herzen des Friedens, aber dennoch bestimmt.

Die vielen Kriege, die die Erde gesehen hat, all die kleinen kriegerischen Gedanken, die die Menschen in ihrem Herzen tragen, im Kleinen und im Großen, können durch die Energie des Friedens, durch den blauen Strahl geläutert zum Ausgleich kommen, aus dem Selbst heraus. Und wenn dieses geschieht, kann aufrichtig gehandelt werden, in Frieden und Klarheit.

Der Mensch lernt nicht aus Krieg, nicht aus Gewalt, der Mensch lernt aus dem Frieden heraus. Aus dem Frieden und aus der Klarheit.

Mit anderen Worten: Durch das vollkommene Loslassen von Gewalt und Krieg kann Friede selbst dort einfließen, wo noch karmisches Ungleichgewicht besteht, indem die friedvolle Kraft einfließt und auffüllt, was herausgerissen wurde,– alle E-nergien, die verlorengegangen sind.

Auch jene, die materiell sind, können aufgefüllt werden durch die Energie des Friedens.

Dies wiederum erzeugt eine Welle, auf der sich der Strahl der Gerechtigkeit verankert und es möglich macht, dass die Menschen dahin erwachen, dass sie beginnen, gerecht zu verteilen und alles jedem zusteht.

Bis dahin jedoch ist es noch ein Weg. Ihr seid auf dem Weg, ihr alle. Jeder einzelne Mensch, jedes einzelne Wesen weiß im Inneren um diese Wahrheit und hat den Weg Richtung Frieden eingeschlagen. Doch jedes Wesen hat sein eigenes Tempo, und so ist es notwendig, dass jene, die schneller schreiten, einen Teil ihrer Energie des Friedens und der Klarheit freiwillig verschenken.

Das ist göttliche Gerechtigkeit. Das ist Frieden, Auflösung, die aus der Stille heraus geschieht. Dieses Mehr an Kraft bringt dort ins Gleichgewicht, wo ein anderes Wesen dieses Gleichgewicht noch nicht klar fühlen und dann handeln kann.

Lasst die Kriege Kriege sein, lasst die Vergangenheit ruhen und öffnet das innere Auge der Stille, des Friedens. Aus dieser Betrachtung heraus durchflutet alle Regionen, alle Völker, alle Wesen mit diesem blauen Strahl.

Beginnt im Kleinen gerecht zu sein, auf dass sich Gerechtigkeit im Großen zeige. Beginnt auch, euch selbst gegenüber gerecht zu sein. Seid ihr gerecht euch selbst gegenüber, sendet ihr eine Welle aus, die anderen Wesen hilft, euch gegenüber gerecht zu sein und auch sich selbst Gerechtigkeit zu gewähren. Dies sind die Worte aus dem blauen Herzen des Friedens heraus. Friede sei mit euch.

Das Bewusstsein Laotse, Kwan Yin und Sananda

Fragen und Antworten dazu

Ist es kriegerisch, für mein Recht zu kämpfen?

Empfindest du es als kriegerisch, wenn du klar und aufrecht dastehst und dir selbst aus dem Herzen des Friedens heraus Gerechtigkeit gewährst?

Ich glaube, ich konnte das bis jetzt noch nicht so gut.

Genau, auch du hast diese Dinge miteinander verwechselt. Verstehst du?

Es ist dies ein Thema, das für die Menschen sehr schwer zu verstehen ist.

Manchmal kann Schweigen genauso kriegerisch sein, denn dadurch verhindert der Mensch, der schweigt und sich selbst gegenüber in diesem Fall in hohem Maß ungerecht handelt, dass das Gegenüber erkennt, dass ihm Gerechtigkeit zusteht. Verstehst du?

Es ist wie bei allem die Motivation, mit der du etwas tust. Schweigst du aus dem Frieden heraus, oder schweigst du aus Angst, Fehler zu machen, oder aus Angst vor Konfrontation? Eine Konfrontation aus dem blauen Herzen des Friedens heraus empfängt Frieden und Gerechtigkeit. Dies wiederum erzeugt ein Wohlgefühl bei beiden oder auch bei allen Wesen, die miteinander durch dieses Thema gehen. Denn die Seele findet dort Ruhe, wo sie weiß, dass Gleichgewicht entstanden ist. Es geht dabei weniger um das materielle Gleichgewicht oder eine

Gleichgewicht bringende Tätigkeit, sondern mehr um die Gerechtigkeit, die man sich selbst zugesteht durch das klare und aufrichtige Verbalisieren dessen, was man wünscht.

Das Bewusstsein Laotse, Kwan Yin und Sananda

☆☆☆

Was passiert, wenn ich es schaffe, aus dem Frieden heraus in diese Begegnung zu gehen, aber mein Gegenüber dieses nicht kann und nur auf sein eigenes Wohl schaut?

Dann ist dein Frieden manifestiert. Für den Frieden deines Gegenübers ist das andere Wesen verantwortlich. Du gibst ihm die Chance, Gerechtigkeit zuzulassen. Wenn dein Gegenüber es jetzt nicht kann, so wird es dieses später können und daraus lernen.

Dein Teil jedoch ist dann ganz erfüllt, wenn du auch dir selbst gegenüber bereit bist, Gerechtigkeit zu üben. Das ist gleichbedeutend mit dem Heraustreten aus einer Schuldzuweisung.

Das Bewusstsein Laotse, Kwan Yin und Sananda

☆☆☆

Wie kann ich Frieden finden, wenn ich mich dafür verantwortlich fühle, dass es meinem Gegenüber gut geht und mich dieses Verantwortungsgefühl daran hindert, weiterzugehen?

Erkenne, dass du dir selbst gegenüber ungerecht handelst, wenn du die Verantwortung für einen anderen Menschen übernimmst, aber dich selbst ins Ungleichgewicht bringst.

Erkenne, dass du dadurch ihm die Verantwortung für dein Ungleichgewicht aufbürdest. Durch Erkenntnis lass jetzt los. Begreife, dass diese Energie des Ungleichgewichts wie das Brodeln der Lava in der Tiefe der Erde ist und die Platten, die Erdplatten deines Wesens, immer wieder verschiebt, was zu Ausbrüchen und Erschütterungen führt.

Wenn diese Energie nicht abfließen kann, sich nicht auflösen kann, verbindet sie sich mit gleichgearteter Energie aus dem Morphogenetischen Feld und erzeugt so in der Erde selbst Ungleichgewicht. Dies ist ein Schlüssel dafür, dass die Erde brodelt.

Darauf wollen wir später eingehen, in einer Botschaft zu Ursachen und Herkunft von Naturkatastrophen.

Das Bewusstsein Laotse, Kwan Yin und Sananda

☆☆☆

Könnt ihr mir und anderen Menschen mit einer Übung helfen, solche Energien loszulassen?

Ja, gerne wollen wir das tun, Liebes.

Gehe in die Stille, in das Herz des Friedens hinein. Sieh dich selbst in das blaue Herz des Friedens eintauchen. Dieses Herz ist wie eine gefüllte Rose aus blauem Licht mit silbernen und goldenen Rändern. Jedes Blatt ist umrandet. Dieser blaue Lotus, angereichert mit dem Gold der Weisheit und dem Silber der Gnade, öffnet sich ganz für dich. Atme dich in diesen Lotus hinein. In diese wunderbare Blume, in dieses pulsierende Herz des Friedens. Blatt für Blatt öffnet sich.

Du siehst in der Mitte kristallines Licht aufleuchten, und du siehst vollkommene Stille. Dorthin gehe mit dem, was du in das Herz des Friedens legen möchtest. Mit dem nächsten Atemzug tauche ganz in dieses Licht hinein, in diese vollkommene Stille. Und siehe, wie um dich herum das Herz des Friedens, diese Blume, diese blauen leuchtenden Blütenblätter mit ihren goldenen und silbernen Rändern, zu kreisen beginnen. Fast wie ein kleiner Tornado wirbelt die Blume um dich herum. Du selbst bist in dieser vollkommenen Stille, bewegungslos, vollkommene Stille und dennoch unendlich beweglich und frei.

In deinem Geist verneigst du dich in Dankbarkeit und Frieden vor der höchsten und heiligsten Liebe. Mit der Kraft deiner wundervollen Herzensliebe, deiner inneren Mitte, gibst du jetzt in diese Blume, in dieses Wirbeln, all die Last an Verantwortung oder auch andere Gefühle, alle Hemmnis, alles, was dich im Unfrieden, im Ungleichgewicht halten möchte. Und während dieses geschieht, begreifst du, dass jede Form des Unfriedens deinem Denken entsprungen ist und durch die Gedanken Handlung wurde und die Handlung zu dir kam. Du gibst jetzt sowohl Handlung, Gedanke und Gefühl vollkommen in dieses Herz des Friedens hinein.

Alle deine Energien sind jetzt durchströmt von diesem blauen Licht, und die Weisheit, goldglimmernd, lässt dich verstehen, und das Silber der Gnade bringt Gerechtigkeit und Frieden aus der Mitte des Herzens heraus.

Und aufrecht stehst du da. Dir selbst gegenüber gnädig und gütig. Dir selbst gegenüber friedvoll und freigebend. Dir selbst gegenüber gerecht und verstehend. Und aus der Mitte deines Herzens heraus strömt nun dieselbe blaue Kraft in alle deine Energien hinein, in alles Sein. Friede sei mit dir und mit allen Wesen, mit allem Geschehen.

Langsam nun bewegen sich der Energiewirbel und die Blume um dich. Langsamer und langsamer, bis die Blume still ruhend und pulsierend voller Friede strahlt und sich die Knospe wieder öffnet und dich freigibt und du dich selbst herausatmest aus dem Herzen des Friedens, zurück in diesen Raum, in deinen Körper.

☆☆

Dies ist eine Übung für den Frieden. Sie ist Frieden bringend in allen Lebenslagen.

In diese Blume, in dieses Herz des Friedens hinein können ganze Kontinente, ja, kann ein Volk, die Erde selbst, hineingelegt werden.

Wenn ihr der Erde Frieden bringen möchtet von all den Energien, die durch Gedanken und Verhalten der auf ihr lebenden Wesen entstanden sind, frage Mutter Erde, ob sie mit euch diese Übung machen möchte und gehe im Geiste mit ihr in die Blume, in das Herz des Friedens hinein.

Auf dieselbe Weise lasst die Blume kreisen und alles herauslösen, um dann die Erde wieder in eurer geistigen Vision geklärt und friedvoll ihrem Zeitraum, ihrer Zeitspur zu übergeben.

Der Frieden vor dir ist gewiss. Der Frieden, der in der Gegenwart entstanden ist, ist fühlbar, weil du spürst, dass das Geschehene aus der Vergangenheit durch das Herz des Friedens heraus in die Gerechtigkeit gekommen ist. Handle in Frieden und Klarheit.

Nun segne ich euch beide, nun grüßen wir alle Wesen, die aus dem Innersten heraus den Frieden wünschen. Den Frieden für alle Menschen, für die Erde selbst, für die Tiere für die Pflanzen, für Alles-was-ist.

Für alle, die den Frieden für die Vergangenheit wünschen, um in der Gegenwart Frieden zu erschaffen, der sich in der Zukunft Resonanz gebend wieder zeigt.

Wir grüßen euch alle und strömen mit dem blauen Strahl des Friedens und dem königsblauen Strahl der Gerechtigkeit aus dem Herzen des Friedens in Klarheit und Liebe zu euch, wann immer ihr euch dem Herzen des Friedens zuwendet. Weisheit und Gnade seien euch gewährt. Wir grüßen euch.

Das Bewusstsein Laotse, Kwan Yin und Sananda

Sind wir noch dem Gesetz des Karmas unterworfen?

Liebe Seele, wenn du willst, dass das Karma vorbei ist, ist es vorbei, im gleichen Augenblick. Das Rad des Karmas ist lange Zeit ein Gesetz gewesen, eine kosmische Ordnung, die es dem Menschen ermöglicht hat, ihren Weg zu gehen, zu lernen, zu begreifen, die Dualität zu erfahren.

Doch nun, da Licht und Schatten sich wieder vereint haben und jede Energie des Kampfes sich auflösen darf und das Licht wie auch der Schatten heimkehren möchten, ist es den Menschen möglich, vollkommene Erlösung in einem einzigen Augenblick vom gesamten Karma zu bekommen, durch die vollkommene Bejahung, die vollkommene Vergebung. Mit anderen Worten, anstelle des Wortes Vergebung steht das Wort Liebe, die vollkommene Liebe zu allem, was du jemals selbst gelebt hast, was du erlebt hast und was um dich herum geschieht.

Dadurch tauchst du in das Mitgefühl ein, so, wie es Meister Jesus vor langer Zeit tat.

Denke an jenes Wesen am Kreuz, das neben ihm zu ihm sprach und sagte: „Du bist ohne Schuld, ich aber bin hier, weil meine Taten mich hierher gebracht haben, Herr, vergib mir."

Und Meister Jesus sprach: „Wahrlich, ich sage dir, noch an diesem Tag wirst du mit mir in meines Vaters Haus wohnen." Damit zeigte er die große Liebe und die Kraft, die in der Vergebung liegen, und gab dem Menschen die Möglichkeit, aus dem Rad der Wiedergeburt auszusteigen.

Denn der Geist ist aller Wesen Heimat, und in den Geist kehren alle Wesen zurück.

Das Goldene Zeitalter darf kommen, bestärke dieses Kommen mit deinem Vertrauen.

Das Bewusstsein Laotse und Kwan Yin

Über die Naturgewalten

Aus der solaren Kraft, aus dem solaren Bewusstsein, aus der Liebe, die sich manifestiert hat als Bewusstsein Helios, strömt die Botschaft aus dem Licht in diesen Raum. Wir grüßen euch. In diesem Bewusstsein schwingt das kosmische Bewusstsein der Elemente mit, und die Elemente selbst fließen ein in das, was wir euch mitteilen möchten. Wir sprechen zu euch über die unbändige Kraft der Natur, über ihre Macht, über diese große Kraft, die sich schöpferisch, aber auch zerstörend und auflösend zeigen kann.

Wir sprechen mit euch über die Naturgewalten, über das, was geschieht, wenn die Erde sich regt, wenn die Elemente erwachen und ihre ganze Kraft zum Vorschein kommt, um das, was besteht, zu verändern. Ihr Menschen empfindet solch ein Geschehen als Zerstörung, und das löst in euch Ängste aus. Doch in Wahrheit ist dieses Geschehen nur Werkzeug der Veränderung. Denn das, was von der Erdoberfläche hinweggewischt wird, wandelt sich zurück in die Elemente des Ursprungs, löst sich auf, tritt hinüber in reines energetisches Bewusstsein, und die Bestandteile dessen, was so durch die Kraft der Elemente umgewandelt wird, ist Nährboden für neue Schöpferenergie, neue Schöpfergedanken, neues Entstehen.

Wenn die Erde bebt und sich öffnet, versinkt das, was in der Nähe der Öffnung ist, in ihr, gleichsam wandeln sich auch die Erde und ihre Spannung, die entstanden ist durch das Geschehen in und auf der Erde, sodass sie wieder mehr Entspannung empfindet und weiter besteht.

Wenn das Wasser kommt und alles überspült, was zu jenem Zeitpunkt im Umfeld des Wassers ist, und auch die Erde ihre Schleusen öffnet und gestaute Energie, gestaute Gefühle, vor allem gestaute Trauer, gestauten Schmerz befreit, gibt alles, was im Wasser versinkt, das Prana frei, das darin ist, um neu zu entstehen.

Wenn die Erde bebt und sich öffnet und glühende Erde aus dem Inneren sich nach außen ergießt und alles, was im Umfeld ist, unter sich begräbt im Feuer der Transformation und gestaute Wut, die sie aufgenommen hat von den Wesen, die in und auf ihr leben, freisetzt, geschieht Transformation mit der Kraft des Elements des Feuers, und dann entsteht auf diesem transformierten Boden, unendlich fruchtbarer als zuvor, das, was entstehen darf.

Wenn der Wind kommt und Unruhe, Ungleichgewicht oder aber auch starre Strukturen aus der Verankerung hebt und neue Energie freigesetzt ist, besteht die Möglichkeit, Altes loszulassen und neu zu beginnen.

Seit Äonen, seit Bestehen der Erde, wandelt die Erde sich und erlöst auf diese Weise selbstheilend und selbstbefreiend die Energien, die gestaut sind, und transformiert diese somit vollkommen, damit die Wesen in und auf der Erde sich in und auf der Erde in einer reinen Pranakraft, die die Erde verschenkt, entfalten können. Würde die Erde alle diese Möglichkeiten verhindern, wäre es für den Menschen beziehungsweise für alle Wesen viel schwieriger, schwerer und dichter, denn jede einzelne dieser Transformationen, die aus dem Inneren der Erde, aus dem freien Willen der goldenen Mitte der Erde kommen, und diese goldene Mitte nur den göttlichen Willen kennt, jede einzelne dieser Veränderungen bringt Veränderung und Befreiung für alle Wesen. Auch hier ist Leben und Sterben, Auflösung, Verwandlung und Neugeburt innerhalb des freien Willens des Seins, in Harmonie mit jedem Wesen, das diesem begegnet.

So ist es uns ein Anliegen, dass ihr erkennt: Jedes Wesen, das auf diesem Weg eine Wandlung vollzieht, einen Dimensionswechsel, einen Schwingungswechsel, hilft immer auch der Erde und allen Wesen mit, transformiert, und empfängt daher auch besondere Hilfe, um diesen Übergang, diese Veränderung, so sanft wie möglich zu vollziehen. Und alle, die durch dieses Geschehen Verlust und Abschied erfahren beziehungsweise besonderen Segen, besondere Hilfe empfangen, bekommen, um diesen Abschied leichter zu ertragen, Trost, denn auch sie sind Teil dieser Befreiung.

Heilend wirken alle, die diesen Weg für sich gewählt haben, sowie alle, die hier sind und bleiben und in Liebe und Frieden loslassen.

Je mehr Friede und Ruhe entstehen, je mehr Liebe fließt, je mehr die Menschen miteinander auf gütige Weise umgehen, je gerechter sie sind, je wahrhaftiger sie sind, umso weniger Energie an Spannung, Schmerz, Wut und Verletzung erzeugen sie.

Je mehr sie mit der Erde gütig sind, umso lichtvoller ist die Energie, die die Erde durch sie aufnimmt, und umso sanfter sind diese Geschehnisse, umso weniger braucht die Erde diese Ereignisse, um sich zu reinigen von der gestauten Kraft, die erzeugt wurde durch das Denken und Handeln der Wesen auf, in und über ihr.

Erkennt, Menschen, dass ihr der Erde gleich seid, dass die Erde euch gleich ist und dass die Elemente Teil der Erde und Teil eurer selbst sind, und erkennt, dass dies alles dem Himmel gleich ist und ihr die himmlische Liebe einfließen lassen könnt in die Elemente eures Wesens und dadurch die unbändige Kraft der Elemente der Natur beruhigt.

Beruhigt eure Gefühle, lasst sie fließen, beruhigt sie und lasst sie fließen, und das Wasser beruhigt sich und fließt in Frieden.

Beruhigt eure Gedanken und befreit sie. Beruhigt eure Gedanken und befreit sie, und der Wind beruhigt sich, weht sanft und zärtlich.

Beruhigt euren Körper, beruhigt euer körperliches Empfinden, beruhigt und besänftigt eure Sexualität, und der Feuersturm wird zum sanften Feuer, das eure Nahrung wärmt, das euch Wärme gibt in den kalter Jahreszeit.

Beruhigt eure Mitte, beruhigt die Kraft aus eurer Mitte, aus der Sonne eurer Mitte heraus, beruhigt die solare Kraft eurer Mitte und bringt Gleichgewicht hinein, und die Erde findet zum Gleichgewicht zurück, und aus Ohnmacht wird die Macht der Liebe und aus der Macht der Liebe entspringt neues Leben aus fruchtbarer Erde.

Das ist die Botschaft, die wir euch bringen. Lernt, die Natur zu verstehen, lernt, die Elemente zu begreifen, lernt zu verstehen, was die Erde euch zeigt. Lernt, Unterkühlung zu verstehen, Überhitzung, jedes Zuviel und jedes Zuwenig, und lernt zu begreifen, wo ihr welche Energie erzeugt, hineingegeben habt und dadurch Ungleichgewicht mit erzeugt.

Und wenn ihr dies versteht, geht zurück zur Übung mit dem Herzen des Friedens und legt jene Gefühle und Gedanken, die ihr verstanden habt, und das entsprechende Ungleichgewicht in die Mitte des Herzens, in die blaue Kraft, um aus dem Frieden heraus aufzulösen und zu wandeln, was die Erde aufgenommen hat, was ihr erzeugt, um frei zu sein außerhalb dessen, die Gewalten der Natur auf eine Weise fließen zu lassen, die Transformation nur durch Auflösung erzeugt.

Wir wissen, dass dieser Text, diese Botschaft, bis sie ganz verstanden ist, noch etwas Zeit bedarf, doch helfen wir euch mit jedem Mal, wo ihr sie lest, euch selbst zu verstehen und zu begreifen und eure eigenen Elemente zu beruhigen, zu klären und zu erlösen.

Aus der solaren Kraft, aus dem goldenen solaren Licht, aus dem Bewusstsein Helios grüßen wir euch im Namen der Gleichheit aller Wesen und allen Seins. Mögen die Elemente sich beruhigen, mögen sie sanft, strömend, fließend, blühend, fruchtbar, friedvoll, als reine schöpferische Kraft zugänglich sein.

Wir grüßen euch.

Das Bewusstsein des solaren Logos Helios und das Bewusstsein der Elemente

Fragen und Antworten dazu

Was können wir aktiv dazu beitragen, dass die Naturge-walten sich beruhigen und die Erde weniger belastet ist von un-seren Energien und sich nicht mehr auf diese Weise entladen muss?

Gerade durch eure Schöpferkraft habt ihr die Möglichkeit, aktiv etwas zu verändern. Zum einen, indem ihr durch ein fried-volleres Handeln durch eben gerade dieses Berühren der Erde aus eurer Mitte heraus weniger Spannung erzeugt. Dieses ehr-liche und liebevolle Berühren und der Umgang mit den Men-schen und mit der Natur, mit der Erde selbst, mit den Ressour-cen der Erde, erzeugt eine Entspannung, ein Auflösen dieser großen Spannung, die noch in der Erde ist. Dadurch kann sich die Erde beruhigen, und es ist weniger nötig, dass die Erde ihre Spannungen auf diese Weise abbaut. Doch ist es auch von Wichtigkeit, tatsächlich die Dinge in der Materie anders zu handhaben, zu überdenken, wo es wirklich gut ist, Bohrlöcher zu machen, die so tief hineingehen, dass sie bestimmte Schwin-gungen auslösen, die dann wiederum die Erdplatten bewegen, oder auch durch ein Zuviel an Abfallstoffen oder Tests, gerade eben auch atomare Tests usw. Es gibt sehr vieles, was ihr aktiv tun könnt, wenn ihr dazu bereit seid, klar Stellung zu beziehen und das, was ihr denkt und glaubt, auch wirklich aussprecht, wenn ihr bereit seid, wirklich dazustehen und zu sagen: Ich bin für die Erde.

Es geht nicht darum, gegen diese Menschen zu demons-trieren, die solche Dinge noch tun, denn je mehr ihr *gegen* sie seid, desto mehr Widerstand wird es erzeugen, und auch das ist Spannung. Es geht vielmehr darum, etwas *für* das zu tun, was gut ist, darauf hinzuweisen und ganz klar und wahrhaftig zu sein. So kann mit der Zeit – und ich wünsche mir für euch, dass es sehr bald ist – ein Erwachen bei jenen Menschen entstehen, die die Macht haben, diese Dinge zu verändern. Dasselbe gilt auch für den Umgang mit den Tieren der Meere und mit allen anderen Dingen, bei denen ihr seht, dass sie Spannungen erzeugen.

Denn alles, was Schmerz auslöst oder ein Ungleichgewicht, sich störend auswirkt in, auf und über der Erde, auf den natürlichen Kreislauf eures Planeten, erzeugt ein Spannungsfeld. Ein energetisches Spannungsfeld, ähnlich wie Elektrosmog. So ist dieses Spannungsfeld auch eine Art Netz, das zum einen nur durch eure Liebe aufgelöst werden kann, zum anderen durch eine Veränderung des Verhaltens, wenn die Menschen erwachen. Ihr werdet immer mehr Hilfe bekommen, gerade auch durch die neuen Schwingungen, die einfließen, und durch das Erwachen eures Bewusstseins werdet ihr sicher geführt, damit ihr die richtigen Dinge tut und den Mut habt, klar dazustehen und das auszusprechen, woran ihr glaubt. In Liebe und Achtung allen Wesen gegenüber, auch jenen, von denen ihr wisst, dass sie immer noch verhaftet sind in diesem alten Handeln und diesen alten Glaubenssätzen. Denn die Liebe ist es, die Bewusstsein bringt, der Kampf hingegen erzeugt Spannung. Friede sei mit euch und allen Wesen.

In diesem Sinne segne ich euch, seid beseelt vom Geist des Erwachens, des Aufstiegs und der geistigen Wiedergeburt in der Begegnung mit eurem Herzen und mit dem, was ihr wirklich seid: Gottgleiche Essenz, offenbart auf der Erde.

Adonai Elohim.

Das Bewusstsein Jesus Sananda

✩✩✩

Was können wir tun, wenn wir durch die Medien hören, dass irgendwo auf der Erde gerade eine Naturkatastrophe ansteht oder stattfindet?

Ihr Lieben, da alles Geist ist und auf wunderbare Weise durch unzählige feine Energieverbindungen ein vollkommenes System existiert, das ihr das goldene Magnetgitternetz nennt, fließen auch stetig alle existierenden Informationen hin und her.

Wie ihr ja nun bereits wisst, bahnt sich ein solches Naturereignis schon lange vorher durch eure Emotionen, Handlungen und Gedanken an. Sowohl global, kontinental als auch landesbezogen.

Nun, genauso, wie diese Verbindungen für Energien der Zerstörung von euch genutzt werden, können sie auch für Energien des Friedens, der Klärung, des Mitgefühls, des Loslassens und der Heilung genutzt werden.

Hört ihr also von solch einem Ereignis, dann geht allein oder in der Gruppe in den für euch höchstmöglichen Zustand von Bewusstsein und Frieden, in den höchstmöglichen Fluss von Liebe und verbindet euch mit dem Schutzengelbewusstsein jener Region und jenes Volkes. Dann fokussiert jenen Ort mit all seinen Wesen bis in den Erdkern hinein, sprecht mit dem Wesen der Naturgewalt und beruhigt es, indem ihr ihm aus jener Ebene des Bewusstseins, in die ihr euch ausgedehnt habt, Liebe, Licht und Friede sendet. So helft ihr der Erde und dem Wesen, das dabei ist, seine Kraft zu entfesseln, die angestauten Energien zu transformieren. Tut dieses im Namen der Liebe und des allliebenden Willens der einen großen Seele, die ihr Gott, universelles Bewusstsein und universelles Licht nennt.

Ihr werdet immer mehr erfahren, wie viel leichter und ruhiger die Erde dann die angestauten Energien umwandeln kann, und wie viel schneller die Natur und auch die Menschen sich von solchen intensiven Ereignissen erholen.

Dadurch dehnt sich das kollektive Bewusstsein aus, sodass der moderne Mensch die Naturgesetze wieder besser verstehen lernt.

Die Informationen über den Umgang mit der Natur und Mutter Erde, die im kollektiven Bewusstsein schon seit Urzeiten gespeichert sind, stammen von den Naturvölkern, den Feen und Elfen, den Zwergen und anderen Naturwesen.

Wenn dieses Wissen sich mit dem Wissen der jetzt lebenden Menschheit vereinen kann, geschieht ein großes Erwachen, und die Erde erfährt die Achtung und Liebe, die sie nährt, als Dank dafür, dass der Mensch sich durch sie nähren darf.

Dann, ihr Lieben, kehrt auch die Wahrnehmung der Elfen und Feen und aller Naturwesen wieder in das Realitätsfeld der Menschen zurück, weil sie ihr Bewusstsein in die feinstoffliche Welt all dieser Wesen ausgedehnt haben und ihnen mit Liebe begegnen.

So möge es geschehen. Der Wandel kommt nicht von außen, er findet zuerst in euch statt, und dann wandelt sich die Welt durch euch.

Das Bewusstsein Lady Nada und Sananda in der Verbindung mit dem Wesen Erde

☆☆☆

Was können wir tun, um die Ausbeutung der Natur zu verhindern?

Ihr Lieben, kämpft nicht mehr, denn Kampf bringt Widerstand und neuen Kampf. Die dabei entstehenden Energien sind neue Belastung für die Erde, neue Spannung.

Seid nicht *gegen* jene, die die Erde missachten und die Natur gedankenlos benutzen.

Vergebt ihnen und auch euch alles, was im Zustand des Schlafens, des Unbewussten, getan wurde, denn der Mensch kann nur gemäß seinem Bewusstsein handeln. Nicht mehr und nicht weniger.

Seid lieber *für* einen liebevollen Umgang mit der Erde und der Natur, *für* das Gleichgewicht, *für* die Achtsamkeit und die Liebe zu Mutter Erde.

Wenn ihr für den rechten Umgang mit der Erde seid, entlastet ihr die Erde, da sie dann keine zusätzliche Spannung transformieren muss. Dann beginnt damit, in eurem Alltag bewusster zu handeln, weniger zu verbrauchen und das, was ihr braucht, mit Achtung zu nutzen.

Das ist positive Energie zum Nutzen der Natur, die dadurch gestärkt wird und ihre Ressourcen schneller erneuern kann. Denkt daran: Alles ist zuerst Geist und wird dann offenbar auf der Erde.

Das Bewusstsein der sieben Elohim und Sananda

Über die Kraft der Heilung

Wir wollen mit euch über das Heilen und die heilenden Kräfte sprechen. Auf der Schwingungsfrequenz Saint Germain strömen diese Informationen zu euch.

Alles, was auf der Erde existiert, strebt der Heilung entgegen. Doch was bedeutet das? Heilung bedeutet viel mehr, als von einer Krankheit oder von einem Problem befreit zu sein. Heilung bedeutet, dass das Wesen, das vollumfängliche Heilung erlangt, zurückkehrt zum ursprünglichen Bewusstsein dessen, was dieses Wesen war, bevor es zum ersten Mal den Weltengang angenommen und sich hineingewagt hat in die Materie.

Heilung bedeutet ein Wiederherstellen des vollkommenen Gleichgewichts über alle Zeiten und Ebenen, über alle Realitäten, auch jene Parallelrealitäten, die ihr durch eure Vorstellung, durch eure Phantasien erschafft. Denn alle Gedanken, jedes Gefühl erzeugt eine Schwingung, die in den Kosmos hineinfließt, dort als Möglichkeit verweilt, als Parallelrealität, die auf die Erde zurückkommt, sich manifestiert, wenn es so sein soll. Wenn das ganze Wesen, die Seele dazu Ja sagt, um diese Erfahrung machen zu können, um das Bewusstsein zu erweitern.

Und so erzeugt ihr sowohl gesunde, im Gleichgewicht befreiende Parallelrealitäten, wie auch Parallelrealitäten, die im Ungleichgewicht sind, weil die Gedanken, die Vorstellungen, die sie erzeugt haben, etwas weiter entfernt von der Mitte waren.

Eine vollumfängliche Heilung bedeutet, dass sowohl die Materie als auch alle feinstofflichen Energien dieses Wesens, alle vergangenen Energien, die es erzeugt hat, alle zukünftigen Möglichkeiten, die sogenannten Parallelrealitäten und Ebenen, vollumfänglich Heilung empfangen. Um danach dem Wesen zu ermöglichen, in seiner ganzen Kraft, in seinem vollumfänglichen Potenzial, in seiner vollkommenen Meisterschaft zu inkarnieren.

Mit noch einfacheren Worten bedeutet es: Werdet euch dessen bewusst, dass in eurer Mitte vollkommene Heilung bereits existiert und ihr diese mit eurem Bewusstsein auf alles, was ihr wart, seid und sein werdet, nur auszudehnen braucht.

Es gibt Menschen, es gibt aber auch Tiere und Pflanzen, die besondere Fähigkeiten haben, Heilschwingungen durchzulassen. Das bedeutet aber nicht, dass andere Wesen dieses nicht haben. Im Gegenteil, jedes Wesen besitzt die Gabe, heilendes Licht, heilende Schwingung durchzulassen. Sei es für sich selbst oder für andere Wesen. Nur ist das Bewusstsein auf diese Fähigkeit durch eine Anzahl an Inkarnationen und durch das Einwirken der Parallelrealitäten, die dieses Wesen erzeugt hat, verlorengegangen.

Bestimmte Wesen haben sich in diesem Leben vorgenommen, diese Fähigkeit wieder zu erlangen und wählen daher einen solchen Weg. Auf dem Weg dieser Entwicklung erfahren sie mehr und mehr, dass etwas Heilendes geschieht, wenn sie anderen Menschen, anderen Wesen begegnen. Und dieses Heilende wird wiederum sie selbst heilen.

Es braucht Wesen, die diesen Entscheid für dieses Leben gefällt haben, sich dazu entschieden haben, um auf diese Weise zu wirken. Aber es braucht auch jene, die solche Wesen um Hilfe bitten, denn es ist ein gleichwertiger Austausch. Es ist Geben und Nehmen für beide Seiten.

Derjenige, der Kanal ist, gibt seine Fähigkeit, Liebe und Informationen aus dem Licht, Lichtschwingung für das andere Wesen durchzulassen und bekommt dafür die Erkenntnis, dass er tatsächlich eins ist mit der Quelle.

Das Wesen, das Heilung empfängt, gibt sein Vertrauen, sein Ja zum Gegenüber und auch das Geschenk der Erfahrung, die der Heiler sozusagen durch diese Begegnung macht, und bekommt dafür die Energie, die Heilung auf allen Ebenen bewirkt.

Und so gehen diese beiden Wesen, die sich begegnen, in einer Art Symphonie oder Komposition verschiedener Frequenzen im Geben und Nehmen, miteinander auf dem Weg der Bewusstwerdung.

Und Heilung geschieht für beide.

Das, was die Quelle diesen beiden Wesen schenkt, ist das Bewusstsein, dass das Vertrauen wieder entstehen darf. Das Vertrauen in die Einheit mit der höchsten Liebe, die existiert. Das Vertrauen, das Wissen, dass immer Heilung da ist, dass das, was in euch ist, heil ist und das Bewusstsein und das Wissen, dass ihr immer eins seid, immer geborgen im liebenden Herzen des Christus. Und darüber hinaus im liebenden Herzen der allerheiligsten, höchsten und heilendsten Kraft, der Schöpferkraft der ersten und höchsten Schwingung, aus der alles entstanden ist.

Darum öffnet euch. Öffnet euch dafür, Heilung anzunehmen, Heilung zuzulassen und zu bejahen, indem ihr durch Heilenergien, durch diese lichtvollen Schwingungen die Klänge, Frequenzen und Farben eurer Mitte wieder anklingen lasst, ausdehnt und dadurch bewusster werdet. Darum öffnet euch eurer ursprünglichen Fähigkeit, vollkommener Kanal zu sein für dieses Licht, für diese Farben, für diesen Klang. Jeder auf seine Art. Geben und empfangen in allem, was ihr tut. Denn in jedem Beruf, in jeder Berufung ist heilende Liebe enthalten und die Möglichkeit gegeben, Heilung zu finden und zu schenken.

Wir grüßen euch. Ich grüße euch mit dem lilafarbenen Strahl der Heilung. So lege ich die Blume der Heilung in euer Herz und euren Schoß. Die Blume, die in eurem Herzen ruht, steigt nach oben und schwingt sich durch alle oberen Lichtkörper und Chakren. Die Blume der Heilung, die in eurem Schoß ruht, schwingt sich nach unten in alle Energiekörper der unteren Schwingungen und Chakren.

So findet eine Lichtwelle an Transformation und Heilung ihren Weg durch alle eure Körper, durch alle Ebenen, Zeiten und Realitäten, durch die ganze Welt, dehnt sich aus bis hin zur Quelle und kehrt zurück bis in das Quellzentrum in eurem Herzen. Amen.

Ich grüße euch, seid gesegnet.

Das Bewusstsein Saint Germain

Fragen und Antworten dazu

Warum hat Jesus die göttliche Kraft?

Weil er verstanden hat, dass er dieses Licht ist. Auch du hast diese göttliche Kraft. Alle Tiere, alle Pflanzen haben sie. Weil Jesus ein Kind Gottes ist, hat er die göttliche Kraft. Er hat sich erlaubt, diese göttliche Kraft zu leben. Ihr lieben Kinder Gottes *glaubt*, dass ihr die Kinder der göttlichen Kraft seid. *Wisst*, dass ihre diese Kraft eures geistigen Vaters und eurer geistigen Mutter habt. Verwandelt die Welt in diese göttlichen Kraft, dann ist Liebe auf der Erde.

Das Bewusstsein Vywamus-Lenduce

Was hält uns eigentlich gesund, und was macht uns krank?

Alles, was dein wahres Wesen unterstützt, alles, was in dir Glücksgefühle erzeugt, die ganz aus der Tiefe deines Herzens kommen, machen dich gesund.

Wenn du, liebes Wesen, in der Einheit mit deinem Selbst durchs Leben schreitest und dir den Weg für dein wahres Wesen bereitest und erkennst, dass du reine Schwingung bist, dein göttliches Ich in jedem Moment begrüßt, dann bist du gesund und eins in Schwingung, Körper, Geist und Seele.

Rein und frei schwingt deine Frequenz, und du bist Wohlwollen und Friede und dehnst dich aus in deinem Wesen, atmest frei, und frei ist der Fluss, der Fluss des Lebens in dir.

Das ist Heilung und Vollkommenheit im Zellentanz.
Dann ist dein Körper, deine Seele ganz.

Was dich hindert, wo du dich bremst, wo du dich deinem eigen Selbst gegenüber wehrst, wo du verurteilst und dir selbst Schmerzen zufügst, voller Trauer, Scham oder Leiden bist, stoppt das Fließen, und du verlierst an Glanz, weil du deine Aufmerksamkeit aus deiner Mitte herausgenommen hast und der Körper und die Seele weinen.

Der Geist wartet auf den Moment, in dem du das Göttliche in dir wieder anerkennst. Darum löse alles aus dir, was verhindert, dass die Tür deines Herzens sich weit öffnet. Dein wahres Sein, dein wahrer Glanz, dein wahrer innerer Seelentanz macht dann den Körper und die Seele, den Geist in der Einheit wieder heil.

Das ist das Geschenk des Gnadenstrahls, die Gnade, die jedem Wesen gleichermaßen begegnet.

Das Bewusstsein Vywamus-Lenduce

☆☆☆

Warum reagiert unser Körper so stark auf die Schwingungsveränderungen auf der Erde?

Euer physischer Körper reichert sich an mit Energie, Licht, Lichtfrequenz.

Das bedeutet, dass in eurem Körper ein Wandel geschieht, der verschiedene Symptome verursachen kann. So kann es sein, dass jemand das Bedürfnis hat, viele Stunden am Stück zu schlafen. Tut es, wenn ihr das Bedürfnis habt, gebt eurem Körper, was er braucht. Es kann auch sein, dass jemand das Bedürfnis hat, etwas Bestimmtes zu essen oder zu trinken. Tut es, folgt dem inneren Gefühl.

Bei jemand anderem beginnen vielleicht der Rücken oder die Beine zu reagieren, denkt daran, es ist das Licht, das einströmt und eure Knochen, eure ganze Physis beweglicher werden lässt. Dies ist im Körper spürbar, vielleicht auch einmal als Schmerz, das ist möglich.

Eure Knochen sind ganz klar angereichert mit enorm viel Information, die zurückgeht bis zum Ursprung der Erde selbst, bis zu den Urzeiten. Nun kommt dort Licht hinein und setzt diese Informationen frei, das heißt, alles Wissen um das Leben, um die Materie wird greifbar, begreifbar, spürbar.

Es ist eine Zeit, in der euer Körper ab und zu auf die Schwingungserhöhung dieser Zeit reagiert, aber je leichter ihr damit umgeht, je humorvoller, je mehr ihr euch liebt, je weniger ihr Widerstand ausübt, umso leichter sind diese Veränderungen zu vollenden, umso schneller kann die Beweglichkeit, die neue Freiheit kommen. Euer Körper ist zu viel mehr fähig, als ihr glaubt, und es ist eine Illusion, dass ihr an diesen physischen Körper gebunden seid und er nicht mehr kann als das, was euch bekannt ist.

Euer Körper ist Energie, Licht in einer anderen Frequenz,

und wenn ihr ihn in der Schwingung immer höher schwingen lasst, sind auch größere Dinge möglich.

Gebt eurem Körper die Zeit, die er braucht, um diese Veränderung zu vollziehen, habt Geduld, auch mit euch. Euer Körper dehnt genau wie euer Geist sein Bewusstsein in höhere Dimensionsebenen aus, um von dort aus die physische Form zu wandeln und zu erneuern.

Seid gesegnet und begleitet darin.

Das Bewusstsein Vywamus-Lenduce und Sanat Kumara

✩✩✩

Ist es möglich, Zell- oder auch Erdinformationen zu ändern und zu heilen?

Das ist natürlich möglich, wenn du dich in deine goldene Mitte begibst, in die Information der Vollkommenheit in dir, und aus dieser Perspektive deine Achtsamkeit auf die Zellinformationen richtest, die erkrankt sind. So können diese Störfelder in deinem Körper durch Informationen der Ganzheit bewusst werden.

Richte dein Bewusstsein dieser vollkommenen Essenz dorthin, erkenne das Geschehen in deinem Körper an, bejahe es und lass es los, indem du den Kampf mit dir selbst beendest.

Dann bedanke dich bei dieser Zellinformation, bei diesem Zellgeschehen für all die wunderbaren Erfahrungen, für all die wunderbaren Welterneuerungen, die Erneuerungen deiner Sichtweise und deines Verständnisses, die du durch die Begegnung mit dieser Zellinformation erfahren und erleben durftest.

Deine Dankbarkeit und dein Verstehen lassen die Zelle wissen, dass in diesem Moment der Sinn der Disharmonie erfüllt ist, und du darfst zu dieser Information sprechen: „Ich liebe dich, ich nehme dich an, wie du bist, und ich danke dir, doch nun habe ich verstanden, worum es geht. Jetzt darfst du ins Licht gehen, denn auch du sehnst dich und strebst nach der Heimkehr."

Dann wird aus deiner Mitte ein Impuls kommen, denn deine Mitte schwingt synchron mit der Mitte des Einen, der höchsten Liebe, mit der Mitte der Quelle, und wird diese Energie zur Information senden und sie dort ins Licht hineinnehmen und erneuern und die göttliche Ordnung in der Zelle wieder herstellen. Dies nennen eure Mediziner spontane Remission.

Es ist nicht der Kampf, der euch heilt, es ist vielmehr die Hingabe an das, was euch begegnet, dass ihr es bejaht, erkennt und anerkennt, dass das, was euch begegnet, den gleichen Weg geht, Schwingungsebene um Schwingungsebene zurück zur Quelle.

Wir segnen euch mit den Worten: „Schwingungsebene um Schwingungsebene strömen wir durch alle Frequenzen als vereinter Strahl der sieben Elohim, als reinigender Strahl der Kraft aus dem Regenbogen des Prismas.

So zaubern wir in alle Herzen, in alle Wesen Licht in den

Farben des Regenbogens, schimmernd und zart, um in euch Erinnerung einzuläuten, Erinnerung an euer Wesen, Rückverbindung mit dem, was ihr in Wahrheit seid. Seid bereit, nehmt den Segen auf, der euch befreit, und erfahrt mehr und mehr die Ewigkeit durch die Ausdehnung von Schwingungsebene um Schwingungsebene."

Adonaj Elohim

Das Bewusstsein der sieben Elohim

Über Beruf und Berufung

Auf dem Schwingungsnamen Melchizedek und Enoch strömen wir in den Raum und bringen mit uns die Worte der Liebe, der geistigen Führung, die aus der Quelle zu euch herausströmen, um euch eurem Bewusstsein für Beruf und Berufung zu öffnen.

Berufung ist das, was du tust, wozu dein Herz dich ruft, wozu die Quelle dich aufruft.

Deiner Berufung zu folgen bedeutet, dem Ruf der Quelle zu antworten und diesem Ruf entgegenzugehen, indem du ihm die Führung in deinem Leben erlaubst.

Berufung ist ein liebevolles Licht, das durch die Schwingung aus dem kosmischen Herzen kommt und in dein Herz und Zentrum einfließt, um berufen werden zu dem, was du wirklich bist.

Aufgerufen, das zu leben, was du am Anfang, bevor du geboren wurdest, wirklich leben wolltest. Jedes einzelne Leben, das du lebst, bringt dich dieser Berufung näher. So ist jedes Leben in allem, was du tust, eine Teilberufung dieses Lebens, die dich letztlich zu deiner wahren Berufung führt.

Daher ist auch alles, was du bis jetzt gelebt hast, aufgrund dieses Rufes, der dich nach Hause einlädt, deine Reaktion, deine Antwort aus dem Geist.

Diese Antwort hat Handlungen in dir erzeugt, bestimmte Dinge zu tun oder zu lassen.

So ist jeder Beruf, den du jemals gelebt hast, Teilberufung des Ganzen. Jede Handlung von dir ist ein Etappenteil, eine Treppenstufe, die dich zu deiner vollkommenen Berufung führt.

Deine Berufung, die du in dir trägst, ist das wahre Wesen deines Selbst, dann, wenn du dazu bereit bist, es zu einhundert Prozent vollendet in der Materie zum Ausdruck zu bringen. Das heißt, du erlaubst deinem gesamten Wesen, deinem gesamten Bewusstsein zu inkarnieren und sich durch dieses Bewusstsein, durch diese Berufung, zum Ausdruck zu bringen.

So ist es also müßig, wenn du darüber nachdenkst, ob du nun deine Berufung lebst oder nicht. Denke vielmehr darüber nach, ob das, was du jetzt gerade lebst, aus deinem Herzen heraus ist. Denn dein Herz fühlt, und das Gefühl in deinem Herzen ist das sicherste Barometer, wie nahe du deinem wahren Wesen, also deiner Berufung, bist.

Wenn du wahrnimmst, dass das, was du tust, deinem Herzen fern ist oder es dich von deinem wahren Wesen entfernt, dann lass jede Selbstverurteilung und jedes Urteil über die Außenwelt los, von der du glaubst, dass sie dich dazu gedrängt hat. Erkenne, was du bis zu diesem Augenblick getan hast, als eine Teiletappe, eine Treppenstufe, die dich zur nächsten Stufe führt, wo du dich durch ein klares Ja zu deinem Herzen, zu deiner Berufung, zu deinem Wesen, deinem wahren Lebenszweck hinbewegst.

Denn der Lebenszweck eines jeden Wesens ist, das Leben in seiner vollkommenen Substanz zum Ausdruck zu bringen, aus der Quelle heraus, aus der Urseele heraus, bis hinein in die dichteste Dichte der Materie. Um so Materie, Geist, Dichte und Feinstofflichkeit, Licht und Schatten wieder durch das Erkennen zu vereinen, dass Licht und Liebe bis in das dichteste Partikel, in das dichteste Element, hineinschwingen und dort enthalten sind.

Es bedeutet ein vollkommenes Ja zu allem, was du bist, warst und sein wirst. Frei von Urteil und Wertung, aber dennoch fähig loszulassen, was losgelassen werden soll, und dich bereitzuerklären, dich weiterzuentwickeln. Die Treppe weiter hinaufzusteigen, deinem wahrem ICH BIN entgegen. Das ist die Jakobsleiter, die du hinaufsteigst.

In diesem Sinne segnen wir dich durch die Kraft der Schwingung Melchizedeks, die die Kraft des heiligen Geistes darstellt, und durch die Kraft der Energie des Enoch, das Bewusstsein, das dich mit deinem Lebensplan verbindet, oder, mit anderen Worten, dir dabei behilflich ist, deinen Lebensplan wieder klarer zu erfassen und zu begreifen und dein Herz wieder deutlicher zu spüren.

Wir segnen dich mit der Fähigkeit, deine Berufung auf die Erde zu bringen, deine Meisterschaft, dein wahres Wesen und mit der Fähigkeit, alle Stufen, alle Treppen, die du gegangen bist, alle Handlungen, alle Berufe, alles, was du jemals getan, gefühlt und gedacht hast, als Teilstück deines Wegs anzuerkennen, mit der Fähigkeit, sie wieder loszulassen, ohne dass du sie deswegen niederreißt. Denn das, was du gelebt hast, steht allen Wesen zur Verfügung, um Bewusstsein zu erlangen, und andere werden aus diesen Schritten lernen, du jedoch bewegst dich weiter, so, wie jedes Wesen sich weiterbewegt und du aus ihren Schritten lernst.

Friede sei mit euch und mit allen Berufen, Handlungen, Gefühlen und Gedanken, mit allen Leben und Entscheidungen.

Friede sei mit euch und mit allem, was ihr tut oder im Begriff seid, zu tun. Friede sei mlt euch und mit allen Wesen.

Friede sei mit eurer Berufung.
Lebt, was ihr seid.

In diesem Sinne grüßen, segnen und danken wir euch. Berufung ströme zu euch als klarer Ruf aus dem kosmischen Herzen heraus, und eure Antwort aus dem Zentrum eures Herzens ist Antwort auf den Ruf der Liebe. Amen.

Das Bewusstsein Melchizedek und Enoch

Fragen und Antworten dazu

Wie merke ich, ob ich auf der rechten Spur bin, was meine Lebensaufgabe betrifft?

Du spürst, dass du dich auf deinem Lebensweg befindest, wenn du Momente hast, in denen du deutlich wahrnimmst, dass du diese Situation, in der du dich gerade befindest, schon einmal erlebt hast.

Die sogenannten Déjà-vu-Erfahrungen sind nichts anderes, auch wenn sie von der Wissenschaft noch nicht wirklich erklärt wurden, dass du und deine Seele eine Abmachung miteinander habt, in der sie dir im richtigen Moment zeigt, dass du zur richtigen Zeit am richtigen Ort das Richtige tust.
Freue dich also über diese Momente.

Das Bewusstsein des Erzengels Gabriel

☆ ☆ ☆

Gibt es noch andere Zeichen dafür?

Es gibt noch ein weiteres Zeichen. Ich weiß, es klingt für dich vielleicht lustig, aber die neuere Technologie der Digitaluhren hat auch Vorteile.

Du weißt vielleicht, dass es seit Jahrtausenden die Numerologie als Wissenschaft gibt und jede Zahl eine Bedeutung hat. Wenn du Doppelzahlen begegnest, 11-11, 12-12, 17-17, 18-18, kannst du sicher sein, dass sie ein Zeichen der Geistigen Welt sind, die dir im richtigen Moment den Impuls geben, hinzuschauen. Dann weißt du, du bist geführt. Sie sind da, und du bist zur richtigen Zeit dabei, am richtigen Ort das Richtige zu tun, deine Saite klingen zu lassen, Antwort und Frage ins Universum zu verschenken. So macht dein Leben einen Sinn, in jedem Fall.

Das Bewusstsein des Erzengels Gabriel

☆☆☆

Wie merke ich, dass ich vielleicht nicht ganz auf dem richtigen Weg bin und mein Lebensziel nicht erreiche?

Schau, du erreichst genauso viel, wie du erreichen möchtest und wozu deine Persönlichkeit in der Lage ist, und so sind auch manche sogenannten falschen Entscheidungen nichts anderes als Lernmomente und Möglichkeiten, zu wachsen.

Deinen Lebensweg wirst du gehen, in jedem Fall. Dein Lebensziel wirst du entsprechend deiner Entwicklung erreichen, und wenn du dir etwas vorgenommen hast für dieses Leben und es nicht klappen will, weißt du, dass die göttliche Liebe dich aufnimmt, dich stärkt und du einen weiteren Versuch bekommst, zu einer anderen Zeit, an einem anderen Ort.

Das Universum wird alles daran setzen, dass du dann die richtige Umfeldsituation bekommst, doch wichtig ist, dass du deinen Lebensweg gehst, mit der Konzentration auf die göttliche Quelle und mit dem Wissen, dass Gott in dir Leben und Liebe ist und nur Leben und Liebe sein kann. Also versuche, dieses auszudrücken, versuche, dein Leben zu einem Ausdruck des lebendigen Seins und der lebendigen tätigen Liebe werden zu lassen, in jedem Moment.

Sei gesegnet und geführt, dein Lebensziel zu erreichen!

Das Bewusstsein des Erzengels Gabriel

✩✩✩

Ist man überhaupt frei, sein Leben so zu leben, wie man will, oder gibt es ein bestimmtes Schicksal?

Es gibt bestimmte Dinge, liebe Seele, die in deinem Leben geschehen, denen du unmöglich ausweichen kannst, das ist richtig, aber dennoch bist du frei, weil du in den geistigen Ebenen, bevor du inkarniert bist, in freiem Willen die Entscheidung getroffen hast, diese Situationen zu erfahren. Weil du durch das Erfahren dieser Situationen die richtigen Antworten auf deine Fragen bekommst.

So bist du frei auf allen Ebenen, denn Freiheit ist göttlich, Gott ist in dir und kann nur Freiheit sein.

Du hast aber manchmal auch andere Möglichkeiten gewählt, so wirst du zum Beispiel in einem Leben an eine Wegkreuzung kommen, wo sich dir drei Möglichkeiten bieten: Die eine ist das Schicksal, wie du es nennst, die andere Möglichkeit ist aber auch eine Form des Schicksals und die nächste auch. Es sind einfach drei verschiedene Wahlmöglichkeiten, und vielleicht wirst du mit dem einen Weg direkter ans Ziel kommen, auch wenn es der schwierigere Weg ist.

Wenn du jedoch innerlich in deinem Menschsein, in deiner Persönlichkeit, empfindest, dass es zu anstrengend ist, kann es sein, dass deine Seele dir den Impuls gibt, einen anderen Weg zu nehmen, der vielleicht einfacher ist, aber etwas länger dauert.

Aber all das spielt keine Rolle, denn im großen kosmischen Tanz, im Leben selbst, ist Zeit bedeutungslos. Lebe dein Leben!

Vertraue den Entscheidungen deines Herzens und wähle die Wege, die du gehst, immer mit Liebe, dann wirst du in jedem Fall die richtige göttliche Wahl treffen.

Sei gesegnet im Wahlvermögen deines Lebenswegs und der Wegkreuzungen, die dir begegnen werden.

Das Bewusstsein Lenduce

Über die Wahrnehmung

Auf der Schwingung der liebevollen Betrachtung, des Schauens aus dem Herzen heraus, des Hörens, des Fühlens, des Riechens mit dem Herzen, des Wahrnehmens aus dem Herzen heraus, kommen wir in diesen Raum, strömen wir ein mit den Botschaften aus dem Licht. Mit dem Ansinnen, mit euch über eure Wahrnehmungen zu sprechen. Über das Wahrnehmen an sich.

Alle Wesen, die im Himmel und auf der Erde existieren, ihr alle nehmt vollumfänglich wahr. Vywamus-Lenduce ist eines der Lichtwesen, der Bewusstseine, die den Menschen im Wahrnehmen schulen. Aber noch viele andere Schwingungen aus dem Licht, Bewusstseinsebenen, arbeiten mit euch Menschen, aber auch mit den Tieren, den Pflanzen, mit allen Wesen auf allen Zwischenebenen.

Diese Schulung, dieses Lernen ist in Wirklichkeit ein Erwachen zum Bewusstsein, das ihr bereits vollumfänglich wahrnehmt. Denn im Zentrum eures Herzens nehmt ihr genauso viel wahr wie wir, wie die Engel, wie alle Wesen, die ihr aufgrund ihrer Wahrnehmungen staunend betrachtet. Der einzige Unterschied ist, dass noch etwas weniger Wachheit vorhanden ist.

Zu erwachen bedeutet, aus einer Art Schlaf aufzuwachen. Dieser Schlaf ist nicht zu vergleichen mit dem Schlaf, der eure Körper zur Ruhe bringt, wenn ihr euch abends hinlegt und einschlaft. Der Schlaf in der Nacht, der Schlaf eures Körpers ist lediglich die materielle, körperliche Form des Schlafens. Die Form des geistigen Schlafens ist eine Art Schlaf, bei dem ihr durch das, was ihr gelernt habt, durch Erfahrungen, Verletzungen und vieles mehr vergessen habt, dass ihr wahrnehmt und wie es sich anfühlt, wahrzunehmen.

Und je mehr ihr euren Wahrnehmungen misstraut, je mehr ihr das, was ihr spürt, hört und seht, als falsch betrachtet oder schon als kleines Kind korrigiert bekommt, umso mehr verlernt ihr, das, was ihr tatsächlich seht, zu verstehen und im Tagesbewusstsein, im Wachbewusstsein, zu erkennen. So macht ihr euch auf den Weg, wenn ihr erwachsen seid, und das tut ihr in jedem einzelnen Leben, wieder mehr zu der inneren Wahrheit des Betrachtens aus dem Herzen heraus zu erwachen.

Zuerst durch kleine Schritte, später durch größere. Zuerst in kleinen Erfahrungen mit Wahrnehmungen, später durch größere, lernt ihr wieder mehr und mehr, das, was ihr hört, seht und fühlt, ernstzunehmen und eurer Wahrnehmung zu vertrauen. Je mehr dieses geschieht, desto mehr erwacht das Tor des Wissens, das Tor des bewussten Erkennens, des bewussten Betrachtens und Hinhörens und die Fähigkeit, das, was ihr wahrnehmt, zu verstehen und zu übersetzen.

Ein Weg dahin ist zum Beispiel die Meditation, die Kontemplation. Denn die Meditation führt euch dahin, dass ihr in euch still werdet und durch die Konzentration, die Kontemplation auf Liebe und Mitgefühl, dass ihr wieder in Kontakt kommt mit dem Wahrnehmen aus dem Herzen heraus. Denn ein wirkliches Erwachen zur Wahrnehmung, zur vollkommenen Wahrnehmung, zur höheren Schau, ist ein Erwachen zur Liebe, zur Freiheit von Wertung und Urteil.

Denn so lange noch ein Körnchen von Urteil in euch ist, ein Korn von Bewertung, ist immer noch ein Schleier über der Wahrnehmung, und das, was ihr dann übersetzt, ist lediglich eine Teilwahrheit dessen, was ihr wahrnehmt. Darum, wollt ihr aus dem Herzen schauen, wollt ihr erwachen zur Wahrnehmung, zur höheren Schau, dann erwacht zur Liebe. Erwacht zur Gleichheit aller Wesen und allen Seins.

Ein weiterer Weg dahin kann auch das Gebet sein. Das schlichte Gebet, das einfache Gebet des kleinen Kindes, das Gebet, das ihr einmal auswendig gelehrt habt, oder das Gebet, das aus eurem Herzen kommt, denn auch hier führt das Gebet, und zwar unabhängig von Religion oder Philosophie, euch wieder dorthin, wo ihr zu Liebe und Mitgefühl findet. Liebe und Mitgefühl für euch selbst und für alle Wesen.

Ein weiterer Weg kann die Wissenschaft sein. Das Verstehenwollen, der Weg des Verstandes, um über den Verstand dann letztlich in die Kontemplation, über die Liebe und das Mitgefühl zu gehen, denn jedes Denken führt letztendlich auch zum Gefühl, und auch wenn dieser Weg ein etwas längerer ist, führt er letztlich ins Licht.

Und so gibt es viele Wege, die zum Erwachen führen. Es gibt so viele Wege, die zum Erwachen führen, wie es Wesen gibt. Erwachen zur höheren Schau. Die Fähigkeit, das Licht, die Frequenzen, die Wellen, die Farben zu sehen, die Gefühle zu sehen. So vollkommen mitfühlend zu sein, so frei von Wertung und Urteil zu sein, dass es möglich ist, bis in die Tiefe zu sehen und das, was du betrachtest, sich dir zeigen möchte, weil es frei von Furcht ist, weil es deine Liebe spürt, deine Bejahung.

Denn nur was du bejahst ist so frei von Furcht, dass es sich dir zeigt. Zu hören, die Schwingung zu hören, die Botschaft zu hören. Oder Gedanken und Gefühle zu lesen und so die wahre Schwingung erkennen zu dürfen, sei es von anderen Wesen oder von dir selbst. Denn auch du selbst sollst dich mit Liebe und Mitgefühl betrachten.

Die Fähigkeit, dieses zu hören, zu fühlen, zu erkennen, zu verstehen und dann auch noch richtig zu übersetzen, kommt mit der Liebe zu dir, mit dem Frieden. Darum erfülle dein Herz mehr und mehr mit Frieden und Liebe und mit dem Wissen um den Gleichwert, um das Gleichsein aller Wesen. Und das Wissen darum, dass dein wahrer Geist, der frei von Glaubenssätzen und von Verletzungen ist und ewig frei war und sein wird, vollumfänglich wahrnimmt. Erlaube diesem Geist, dein Leben zu durchfluten, alles aus diesem Geist heraus zu betrachten.

Der Weg der Wahrnehmung führt dich zu dir selbst. Auf verschiedenen Spuren, und jede Spur in sich ist Teil, Teilbestimmung, Teilabschnitt, Teil der Heimkehr, Teil der Inkarnation deines Höheren Selbst, der vollkommenen Verschmelzung deines wahren Wesens mit deiner Persönlichkeit und mit deinem Körper im Hier und Jetzt. Dadurch erhebst du deinen Körper in seiner Schwingung und führst deine Persönlichkeit, dein ganzes Wesen heim. Es ist eine Heimkehr, die hier in der Welt stattfindet.

So sei gesegnet mit all den Strahlen, mit all den helfenden, lichtvollen Kräften, Energien, mit all den Lieben, die du brauchst, um deinen Weg der Wahrnehmung zu beschreiten und dein Vertrauen in deine Wahrnehmung, dein Vertrauen in dein Herz wiederzufinden. Alles, was du dazu brauchst, um alles durch die Liebe, durch das Fenster der Liebe und der Vergebung und des Mitgefühls zu betrachten, alles, was du brauchst, um vollkommen zu erwachen, sei damit gesegnet.

Die sieben Elohim, Vywamus-Lenduce, Laotse und Enoch grüßen dich.

Fragen und Antworten dazu

Warum können manche Menschen Engel und Geister sehen?

Weil du in deinem Herzen eine große Seele bist. Es gibt Menschen, die noch etwas Mühe haben, in die Welt der Engel und Geister zu sehen. Engel kommen von einem Ort, an dem die Schwingung sehr hoch ist. Auch du kannst hin und wieder so leicht sein, dass du die Engel sehen kannst. Die Geister schwingen nicht so hoch wie die Engel. Engel kann man auch fühlen. Jeder Mensch hat seine Begabung, manche haben helle Augen, andere ein hellfühlendes Herz. Es ist immer gut, wie der Mensch wahrnimmt. Irgendwann werden alle Menschen hören, sehen, fühlen. Wenn du also Geister siehst, hast du dein Licht auf derselben Ebene wie die Geister. Wenn du dies nicht möchtest, dann sage es, und du wirst sie nicht sehen. Wichtig ist, dass du dir vertraust und dich geborgen fühlst.

Das Bewusstsein Sanat Kumara und Vywamus-Lenduce

☆☆☆

Wie gehe ich am Arbeitsplatz und in meinem persönlichen Umfeld mit meiner Spiritualität und meinen Wahrnehmungen um, ohne dass ich mich exponiere?

Ja, meine liebe Seele, es ist richtig, dass es nicht immer einfach ist, herauszufinden, wo und wieviel du preisgeben darfst von deinem Wissen. Lege das Schwergewicht nicht so sehr darauf, sondern es ist wichtig, dir sicher zu sein, ganz und gar zu dem Weg, den du beschritten hast, zu stehen.

Im Außen stehe zu dir selbst und lass langsam, Tropfen um Tropfen, einfließen, benutze eine einfache Sprache, und je überzeugter, je sicherer du in dir selbst bist, umso weniger wirst du auf Gegenwehr stoßen. Je natürlicher dein Umgang mit diesem Wissen ist, umso natürlicher wird es von deinem Umfeld empfunden, und schmunzelt manch einer, lass dich nicht beirren, schmunzle mit.

Verstehst du, wie ich das meine?

Denn dein Mitschmunzeln, dein Mitlachen löst Blockaden auf und macht den Weg frei. Dein Gegenüber erkennt dadurch, dass du es nicht einfach überzeugen, überrennen oder, anders gesagt, vielleicht sogar missionieren willst.

Viele Menschen haben Angst, dass man ihnen nun etwas Neues aufzwingen möchte, das nicht greifbar ist im Sinne der greifbaren Realität, die sie gewohnt sind.

Zum Beispiel ein Mediziner, ein Psychologe oder ein Lehrer lernt, was er zu lernen hat, aus einem alten Wissensschatz. Und er lernt in dieser Ausbildung, dass nur das Richtigkeit hat, was irgendwie in diesen Bereich hineinpasst, in diese Schublade hineingesteckt werden kann. Und so löst deine Offenheit Ängste aus. Kannst du mir folgen? Diese Ängste wiederum nimmst du wahr. Und dies löst in dir wiederum Angst aus, etwas auszulösen, das du nicht kontrollieren kannst. Nun, kontrollieren in dem Sinn könnt ihr die geistige Entwicklung sowieso nicht.

Also lass diese Angst gehen. Zeige nur das, was du wirklich zeigen möchtest, aber dann zeige es mit ganzer Überzeugung, das heißt, stehe dazu und erlaube dir, mitzuschmunzeln. Arbeiten auf diese Weise tust du sowieso, auch hier gilt, wie ich schon sagte: Vieles geschieht auf der Herzebene, auf der Energieebene, ohne dass ihr es wisst.

Also seid nicht verkrampft, habt nicht das Gefühl, ihr müsst euch jetzt überall und in jedem Moment präsentieren, denn das, was ihr in eurem tiefsten Innersten als richtig erkannt habt, präsentiert ihr sowieso in eurem Energiefeld, in eurem Lichtmenschen, der ihr seid.

In den nächsten Monaten und Jahren wird es immer einfacher gehen, da die Energien auf der Erde immer lichter werden und sich das Bewusstsein der Menschheit durch die Hilfe des kollektiven Bewusstseins schneller in feinstofflichere Ebenen und Wahrnehmungen hineinbewegen wird.

Das Bewusstsein Sanat Kumara und Vywamus-Lenduce

☆☆☆

Wie soll man mit Kindern der Neuen Zeit kommunizieren, damit sie zu authentischen Menschen heranwachsen und die Fähigkeit ganzheitlicher Wahrnehmung nicht verlieren?

Eine Seele, die neu geboren ist, ist vollkommen authentisch, vollkommen integer in dem, was sie zum Ausdruck bringt und wahrnimmt. Sie nimmt in der Ganzheit wahr, sie nimmt vollkommen klar jede Schwingung, jede Schwingungsveränderung wahr, die das Wesen, das ihm begegnet, zum Ausdruck bringt oder auch erzeugt.

Hier sind die Eltern und das Umfeld aufgerufen, vollkommen wahrhaftig zu sein mit den Kindern, von Anfang an anzuerkennen, dass auch das kleinste Baby vollkommen bewusst ist, und dass es durchaus wahr-nimmt, wenn es der Mutter oder dem Vater aus irgendeinem Grund nicht gut geht.

Da gilt es, nicht nach außen hin eine andere Information zu senden als das, was das Innere sendet, denn das Kind, das die Wesenheit betrachtet, erkennt in der Energie die Wahrheit. Wenn die Botschaft, die dann verbal oder durch Mimik herübergegeben wird, nicht der Wahrheit entspricht, zweifelt das Kind an der eigenen Integrität, an der eigenen Wahrheit und verliert so mehr und mehr das natürliche Gespür für das Selbst, für die eigene innere Wahrnehmung.

Es verliert den Zugang zur eigenen Wahrheit und dann seine Integrität, weil es lernt, dass zwischen dem, was unausgesprochen schwingt, und dem, was ausgesprochen wird, hier auf der Erde eine Diskrepanz herrscht.

Es lernt also sozusagen, dass es nicht erlaubt ist, wahrhaftig zu sein, dass hier eine andere Regel gilt als die himmlische.

So sind die Menschen aufgerufen, die Kinder, gerade jene, die jetzt noch kommen, so integer wie möglich zu behandeln.

Sprecht mit euren Kindern, wenn ihr ihnen begegnet, und lächeln sie euch an, lächelt zurück. Fühlt ihr aber in euch Trauer, Schmerz oder Angst, sprecht dieses aus, sagt in Liebe: „Schau, ich lächle dich an, weil ich dich liebe, weil ich nur lächeln kann, wenn ich dich betrachte, aber weißt du, im Moment ist in meinem Herzen Trauer, aus diesem oder jenem Grund." Dann fühlt sich das Kind wahrhaftig, ehrlich behandelt und glaubt seinem Selbst, dem, was es wahrnimmt, und dem Gegenüber.

Vertrauen und Glaube sind dann von Anfang an Gewissheit und dürfen es bleiben. Seid also wahrhaftig, seid integer, so entwickelt sich das Wesen, das auf die Erde kommt, um die Erde zu wandeln, zum wahrhaftigen, integeren Wesen, und der Weg, den es bis zum Selbst zurücklegt, wird kürzer und leichter.

Das ist es doch, was wir alle den Kindern wünschen.

Segnet sie jeden Tag, betet für ihre Integrität, Adonai, Elohim. In diesem Sinn segnen wir alle Kinder dieser Welt, alle inneren Kinder aller Wesen, mit dem Mut zur Wahrheit, mit dem Mut, die eigene Wahrnehmung wiederzuerlangen. Mit dem Mut zur Integrität.

Amen.

Das Bewusstsein der sieben Elohim

☆☆☆

Wie kann ich lernen, meine Wahrnehmungen zu entwickeln, wie zum Beispiel Hellsehen, Aurasehen, Hellhören usw.?

Jedes Wesen, das auf die Erde kommt, hat außersinnliche Wahrnehmungen, das heißt, Wahrnehmungen, die unabhängig von der physischen Wahrnehmung, unabhängig von den physischen Sinnen stattfinden. Diese sind unterschiedlich angelegt. Die einen haben die Fähigkeit, in die Vergangenheit zu sehen und zu fühlen, und die anderen in die Zukunft.

Wieder andere haben die Gabe, Energie und Licht zu sehen, Farbschwingungen wahrzunehmen, aurasichtig zu sein oder sogar die Lichtwesen klar sehen zu können, sei es mit geschlossenen physischen Augen, durch das Dritte Auge oder durch die Einheit zwischen dem Dritten Auge und den physischen Augen. Wieder andere hören, wie in ihnen eine Stimme spricht, wie sich im Zentrum ihres Kopfes oder ihres Herzens Worte bilden; sie sind hellhörig.

Wieder andere können Schwingungen riechen, sie orientieren sich durch ihre Nase und wissen, welche Art Schwingung gerade im Raum entsteht.

Wieder andere sind hellwissend, sie wissen einfach. Dies ist die Form, die am schwierigsten anzunehmen ist, weil es keine Sinneswahrnehmung gibt, sondern das Wissen einfach da ist.

Wieder andere sind hellfühlend, fühlen in ihrem Körper, fühlen in ihrer Emotional- und Gefühlsebene ganz deutlich. Auch dieses Fühlen ist noch relativ schwierig anzunehmen, weil es nicht einfach ist, es den Sinnen zuzuordnen. Ganz besonders das Fühlen, das durch die emotionalen Ebenen stattfindet. Jenes Fühlen ist zum Beispiel ein Durchströmen eines kühlen

Hauchs; ein Schaudern, Pulsieren oder Kribbeln ist schon wieder einfacher anzunehmen und zu akzeptieren.

Zuerst einmal ist es wichtig, dass du herausfindest, welche Formen der außersinnlichen Wahrnehmung, das heißt, der Wahrnehmung von etwas, das nicht in der Physis existiert, dir besonders liegen. Fördere sie, indem du sie gezielt übst und vor allem die Reaktionen in dir akzeptierst und annimmst, indem du dich ernst nimmst.

Vielleicht führst du ein kleines Tagebuch, in dem du notierst, was du wahrnimmst und was sich letztlich in der Materie bestätigt hat. Das erzeugt Selbstvertrauen, weil du das Ergebnis siehst. Dann übe auch alle anderen Formen, lerne sie Schritt für Schritt zu integrieren und mit deinen bereits vorhandenen Fähigkeiten zu verbinden.

Willst du das Sehen üben, stelle dich entspannt vor ein Wesen hin, das damit einverstanden ist, dass du es betrachtest. Es ist wichtig, dass dieses Wesen Ja dazu sagt. Denn wenn du seine Aura betrachtest, schaust du in seinen ganz privaten Raum hinein.

Dann betrachte dieses Wesen erst einmal schrittweise, bis du oben beim Scheitel angekommen bist. Atme ruhig und gelassen, während du dieses Wesen betrachtest, liebe es und nimm es von ganzem Herzen an. Sollte die kleinste Wertung auftauchen, lass sie sogleich wieder los. Du brauchst nicht zu interpretieren, was du siehst. Es ist einfach, weil es ist, und es ist gut so. Dann öffne dein Gesichtsfeld Atemzug um Atemzug, dehne dein Sehen aus wie einen Kreis, stelle dir einen Kreis vor beim Scheitel des Menschen, des Wesens, das du betrachtest. Es kann auch eine Pflanze, ein Baum oder ein Tier sein, und sieh, wie dieser Kreis sich vergrößert und ausdehnt. Schau zu, bis ganze Wesen und alle seine Energien darin Raum finden.

Anfangs kannst du weißes Licht erkennen, doch je mehr und je länger du in dieser Ausdehnung bleibst, erfüllt von Liebe, ermutigst du mit deiner Liebe dieses Wesen, sich dir zu zeigen, und Farben und Formen werden für dich sichtbar.

Vielleicht wirst du sogar die Energie hören oder riechen, nimm es einfach, wie es ist, versuche, es nicht festzuhalten, sondern sei einfach in dieser Ausdehnung. Betrachte, ohne zu interpretieren, und beobachte deine Gefühle, die in dir entstehen, wenn du bestimmte Farben und Formen siehst, denn deine Gefühle sind der Schlüssel zum Verständnis für die Farb-, Licht- und Klangsprache.

Wir wünschen dir viel Freude und viele wundervolle Momente der Wahrnehmung über die höheren Sinne des Herzens.

Das Bewusstsein des Engels der Weisheit und der Freude, Uriel, und des Erzengels Anael, der Engel der Liebe, grüßen dich.

Über die Kinder und Familien dieser Zeit

So begrüße ich dich, liebe Seele, die du diese Worte des Herzens liest. Aus dem Geist der Zentralsonne heraus schwinge ich mich zu dir und spreche über die Kinder dieser Zeit.

Sie sind Seelen des Geistes, so wie du. Und ihr Geist ist strahlend, rein und klar. Gerufen aus der Tiefe des Mitgefühls, aufgerufen, aufgenommen, haben sie ihren Lebensplan, ihre Bestimmung angenommen, sind ihrem Ruf gefolgt. Haben JA dazu gesagt, noch einmal den Weg in die Materie zu gehen. Selbst dann, wenn es von ihrer Entwicklung her und dem Maß ihres heimgekehrten Geiste nicht mehr gefordert wurde als Form der Wiedergutmachung oder des Gleichgewichts, das ihr Karma nennt.

Vielmehr sind sie als reinstes Dharma geboren, kommen in die Familien, um höchste Geistkraft zu verankern, um reinste Liebe, klarstes, reinstes Wissen, Weisheit und Worte des Herzens in jene Familien zu bringen, die sie willkommen heißen. So verhält es sich, dass jede Familie, die ein solches Kind empfängt, aufgerufen ist, durch die Klarheit der Seele und des Geistes dieses Kindes wieder ganz und gar den eigenen Ruf zu vernehmen. Glaubensmuster, Strukturen, veraltete religiöse Vorstellungen und Hierarchien loszulassen und in ihren Kindern Gefährten auf ihrem Weg zur Heimkehr zu sehen, sie anzunehmen als ihre Lehrer und auch als ihre Schüler, denn beides seid ihr einander gleichsam, Eltern und Kinder dieser Zeit.

So sind die Kinder, die jetzt geboren werden, in dieser Zeit des Wandels, Wesen, deren Seelen ihr schon lange kennt.

Seelen, die euch sogar als schützende Engel während vieler Leben, die ihr gelebt habt, begleitet haben. Engel des Mitgefühls, der Liebe, die sich bereit erklärt haben, geboren zu werden, um euch dabei zu helfen, diesen letzten großen Schritt hinein in die Bejahung des Gottselbst in euch zu gehen. Hinein in das Ja zum Licht und zur Liebe, hinein in die wahrhaftige Klarheit, die der Liebe entspringt, die alles zu vergeben vermag und bereit ist, wieder einzutauchen in den einen großen Geist, in das große Licht des Alles.

Und so sind sie euch zugefallen, wie auch jene, die im Umfeld dieser neuen Familien leben, Freunde, Nachbarn, Spielkameraden für die Kinder, Lehrer, Geschwister, Großeltern, Onkel und Tanten.

Ihr alle habt eure Aufgabe in der Begegnung mit diesen klaren, lichtvollen Wesen. Eure Aufgabe besteht darin, euer Herz zu öffnen und wieder zu lernen, durch das Herz der Begegnung mit diesen Kindern zu leben. Phantasie, Spiel, Leichtigkeit, Kreativität und das Staunen über die Schöpfung, über die unermessliche, ewige Schönheit des Lebens durch den klaren und wachen Geist dieser Kinder wieder zu erlernen. Einzutauchen in das aufrichtige Lächeln, das aus der Tiefe der Seele heraus wärmt, wie diese Kinder es tun. Öffnet euren Geist für sie, öffnet euer Verstehen, öffnet eure Möglichkeiten des Denkens für die Ideen, Botschaften, Bilder und Begegnungen, die euch durch diese Engelwesen geschenkt werden, die gekommen sind, um euch nach Hause zu begleiten.

Himmel und Erde, im Geiste längst vereint, dürfen jetzt in eurem Herzen verstanden und gesehen werden. In diesem

Sinne segnen wir alle Kinder dieser Zeit mit einem besonderen Licht der Liebe, des Segens, der Geborgenheit und mit dem Segen, in dem, was sie sind, verstanden zu werden.

Und so segnen wir die Eltern, die Familien, das Umfeld all dieser Kinder mit der Fähigkeit, aufzuwachen, ihr Herz zu öffnen, die Kinder zu verstehen und ihnen aus dem Herzen heraus zu antworten. Sie das zu lehren, was sie in der Materie lernen möchten, und von ihnen das zu lernen, was ihr Geist ihnen bringt. Und alle, die diese Worte lesen und die Kraft der Liebe und des Segens spüren und selbst ein solches Kind in ihrer Familie, in ihrem Umfeld haben, oder mit Kindern arbeiten, sie alle mögen gesegnet sein, die Kraft dieser Worte in ihr Schwingungsfeld einzulassen und weiterzuverschenken an alle, die auf dem Weg sind, das Wunder des göttlichen Kindes wieder zu entdecken.

So sei es in Liebe. Adonai, Elohim, ich grüße euch.

Das Bewusstsein der Zentralsonne

Fragen und Antworten dazu

Warum soll ich fragen, wenn ich sowieso weiß, dass ich keine Antworten erhalte?

Manche Wesen haben schon von klein auf erfahren, dass sie Fragen gestellt, aber keine Antwort bekommen haben oder diese ungenügend waren.

Der Mensch braucht Antworten, um wachsen zu können, um sich weiterentwickeln zu können, um seine Seele und seinen Geist in Harmonie bringen zu können, und das von klein auf.

Ein kleines Kind, das Hunger hat, weint. Die Antwort auf sein Weinen ist die Brust der Mutter. Ein Kind, das wissen möchte, was das ist, wenn es einen Schmetterling sieht, braucht eine Antwort, denn sonst kann es das Gesehene nicht einordnen, nicht beginnen, die Welt zu verstehen.

Wenn viele Fragen gestellt werden und die Antworten immer wieder ausbleiben, entsteht ein Gefühl des Verlassenseins, des Abgetrenntseins, des Abgetrenntseins vom Leben, von der Welt, vom Universum und somit auch vom Göttlichen.

Dieses Abgetrenntsein entsteht aber bereits als Gefühl, wenn die Seele sich entschließt zu inkarnieren, in den physischen Körper eintritt, dann auf die Welt kommt und es dann plötzlich dort nicht mehr ganz so einfach ist wie auf den lichtvollen, feinstofflichen Ebenen.

Da ein Teil der Seele noch in den feinstofflichen Ebenen bleibt und darauf wartet, während der Kindheit Schritt für Schritt zu inkarnieren, fühlt sich das Kind nicht vollständig, besser gesagt, die Seele bekommt dieses Gefühl. Doch schau, es ist einem Kind in dem kleinen Körper noch nicht möglich, die vollumfängliche Kraft der Seele zu integrieren, und so bekommt es immer genau die Anteile, die es braucht, um bestimmte Lebensalter zu bestehen und die ihm angemessenen Schritte zu machen. Während dieser Zeit stellt der Mensch Fragen und ist auf Antworten angewiesen.

Eine Frage ist wie eine Saite an einer Gitarre. Die Gitarre selbst ist der Mensch, das Kind, das zum Klingen kommen möchte. Ein Gedanke führt den Menschen dazu, die Saite anzuschlagen und eine Frage zu stellen. Nun braucht es aber auch einen Resonanzkörper, und der setzt sich zusammen aus der Familie, den Freunden, den Lehrern, der Umwelt, die dann auf die Frage reagieren.

Als Antwort auf deine Frage, liebe Seele, bitte ich dich, stelle Fragen, höre niemals auf, die Saite deines Instruments anklingen zu lassen, denn immer mehr wirst du Resonanz erleben. Je älter du wirst, desto bewusster wirst du wahrnehmen, dass du Antworten bekommst, und manchmal ist eine Antwort in etwas verborgen, das du nicht als Antwort erkennen kannst.

Dein Wunsch zu wachsen, dich zu entwickeln, geistig, körperlich, seelisch frei zu sein, wird dich immer wieder dazu bewegen, Fragen zu stellen, und glaube mir, es gibt nur gute Fragen, denn jede Frage birgt die Möglichkeit, Resonanz zu bekommen und durch die Antwort Wachstum zu erfahren. Frage,

Kind, frage, so viel du magst, und wisse, dass in jedem Menschen göttliches Licht schwingt und manchmal ganz still und leise eine Antwort kommt.

Fühle in dein Herz hinein und erfasse die Antwort auch dann, wenn sie leise zu dir kommt.

Du kannst sicher, gewiss sein, dass du ewig verbunden bist mit Gott, mit der göttlichen Quelle, weil du aus ihr kommst und mit ihr eins bist. Daher, wann immer du eine Frage stellst, stelle sie dem Göttlichen im Menschen, der dir gegenübersteht, und das Göttliche wird antworten.

Sei gesegnet mit der Kraft, deinen wachen Geist auszudrücken im Klang der Saite deines Instruments!

Das Bewusstsein Vywamus Lenduce

☆☆☆

Warum geschehen oft so seltsame Dinge im Leben?

Schau, den Menschen erscheint es seltsam, doch im Tanz der kosmischen Harmonie macht es Sinn, denn alles Seltsame wird dich anregen, Fragen zu stellen, und Fragen zu stellen wird dein Gegenüber, die Welt, das Universum, Gott anregen, dir zu antworten.

Die Antwort wirst du in dich aufnehmen und in Freiheit entscheiden, was du für dich als wahrhaftig erkennst, und das, was du für dich in deiner Einzigartigkeit als wahrhaftig erkennst, wieder zurückbringen in die göttliche Quelle.

So ist es, so wird es immer sein, so war es allezeit.

Ich segne dich, wache Seele, wacher Geist!

Das Bewusstsein Vywamus Lenduce

☆☆☆

Wie übersteht man das Alter zwischen zwölf und zwanzig am besten, ohne überall Probleme zu haben?

Am besten übersteht das Wesen Mensch dieses Alter, indem es sich selbst mag in allem, was es tut.

Mit anderen Worten, du liebe Seele, die du diese Frage stellst, diese Frage, die von vielen gefragt wird, ob im Stillen oder laut, du, liebe Seele, erkenne, dass du dich lieben sollst in deinen Stärken und Schwächen, in deinem Noch-Kind-Sein, in deiner mittleren Reife, aber auch in deinem Erwachsenwerden.

Sei furchtlos. Sei furchtlos und sei in deiner Selbstliebe stark. Eine Selbstliebe, die dich so sehr liebt, dass du das tust, was dir guttut, mit anderen Worten, dass du auf dein Herz zu hören lernst und dich selbst so gerne hast, dass du in deinem Handeln so verfährst, dass du Licht und Liebe erntest, damit dein Vertrauen wachsen kann, denn es ist eine Zeit, in der sich vieles verändert.

Dein Körper verändert sich durch die Kraft der Hormone, diese starke Energie, die auslöst, dass dein Körper sich in einen erwachsenen Körper wandeln darf. Ebenso ändern sich dein

Geist und dein Verstand, weil die große Kraft all des Wissens, das du bereits angesammelt hast, sich bis zu diesem Alter mit dem Wissen verbindet, das du mitgebracht hast, und so gehst du auch mit deinem Geist, mit deinem Verstand in eine erwachsene Ebene hinein, doch sehnst du dich mit deinen Gefühlen noch nach dem Kindsein zurück.

Dies geschieht, weil du dort die Verantwortung deines Handelns weniger tragen musstest, und jetzt beginnst du zu begreifen, dass das, was du aussendest, zu dir zurückkommt, dass du dafür die Verantwortung tragen musst, mit anderen Worten: Antwort bekommst auf dein Gebet und darauf wieder antwortest mit deinem Gebet.

Und so ist es auch mit deiner Spiritualität, mit deiner Persönlichkeit. Alles ist dabei, sich selbst zu erkennen, zu erwachen zu dem, was du bist, und den Mut zu finden, dich auszudrücken, aber auf eine Weise auszudrücken, mit der du dich selbst liebst und du gute Früchte ernten kannst.

So überstehst du diese Zeit, indem du dir überlegst, was du essen möchtest, saure Früchte, gesalzene Nüsse oder Süßes, mit anderen Worten: Welche Reaktion möchtest du vom Universum auf dein Handeln bekommen, auf die Gedanken, Gefühle und Worte, die du aussendest?

Und wenn du dir das überlegst und spürst, dass du all das ernten möchtest, was deiner Seele guttut, damit du dich wohlfühlst, damit du harmonisch bist, damit du dich frei fühlen kannst, damit du dich selbst lieben kannst und Liebe bekommst, wenn du all das überprüfst, wirst du in der Liebe handeln, mit Leichtigkeit in das Erwachsensein hineingehen und wissen, dass du in jedem Moment du selbst sein darfst.

Das Bewusstsein Vywamus Lenduce

☆☆☆

Warum ist die heutige Jugend scheinbar gewalttätiger?

Gewalt ist gestaute Wut, gestaute Verletzung, gestaute Trauer, gestauter Schmerz.

All dies existiert seit Jahrtausenden, und über Generationen und Generationen wurden diese Gefühle gestaut, nicht losgelassen, nicht in das Licht der Vergebung hineingegeben, und alles, was an Gefühl, Schmerzen, Verletzungen und Erfahrungen vorhanden ist, ist im Erdenkarma, in den Zellen jedes Menschen, enthalten.

Denn begreife, Mensch, dass du eins bist mit allem. So ist in deinen Zellen die Information jedes einzelnen gewalttätigen Akts enthalten, der in der Vergangenheit war. Über Generationen wurde nicht losgelassen. Heute ist eine Zeit, in der große Wesen, die jungen Menschen von heute, inkarniert sind. Ihr seid Lichtwesen mit einem großen Geist und mit viel Wissen, weit entwickelt, leuchtend und stark. Ihr habt einen Körper angenommen, um dieses Alte, dieses Gestaute, zu transformieren.

Die Frage nach dem „Warum gibt es so viel Gewalt, und gerade auch bei den jungen Menschen?", ist eine Frage, die den Menschen dazu bringt, über seine eigene Gewalt, seine eigene

Wut in sich nachzudenken. Alleine das Nachdenken darüber erzeugt schon mehr Licht, weil mehr Bewusstsein entsteht.

Mehr Licht und Bewusstsein lassen mehr Liebe einfließen. Mehr Liebe lässt die Fähigkeit entstehen, zu vergeben. Und so ist in der heutigen Zeit die Gewalt so sehr im Vordergrund, damit ihr euch dessen bewusst werdet, damit ihr euch selbst bewusst werdet und selbstbewusst diesen Schmerz, diesen Weltenschmerz in die Liebe geben könnt, um die Welt zu verändern, um den Schmerz, die Wut, die Gewalt und die Erfahrungen der Kriege der Vergangenheit zu transformieren.

Ihr Jungen, ihr seid die Zukunft dieser Welt. Darum achtet darauf, welche Früchte ihr ernten möchtet, und tut alles dafür, dass ihr die Früchte des Paradieses erntet: Liebe, Wohlgeruch, Wohlgeschmack, indem ihr Hass, Wut und Gewalt, die Verzerrung der Liebe auflöst und den Mut bekommt, die Trauer fließen zu lassen. Die Trauer und den Ausdruck des Schmerzes in Form von Tränen fließen zu lassen.

Tränen sind Wasser, Wasser ist Lebensessenz, Wasser ist das Blut der Erde. Wenn ihr diese also nicht mehr unterdrückt, sondern euren Schmerz ausdrückt und in einer liebevollen Weise in die Welt hinaus sendet, indem ihr sagt: Ich bin traurig darüber, und ich möchte es ändern, ich weiß, dass ich Verantwortung trage, dass ich diese Verantwortung jetzt übernehme, ich möchte es ändern, dann ändert ihr die Welt.

Dazu seid ihr da.

Das Bewusstsein Vywamus Lenduce

167

Wieso schauen viele Menschen, auch in den Familien, so stark aufs Materielle, aufs Äußere, die Hautfarbe, das Geld, die Kleider usw.?

Aus Mangel an Selbstwert, Selbstvertrauen und Selbstliebe. Nun, ich spreche die Selbstliebe wieder an. Liebe deinen Nächsten wie dich selbst. Schau, die Selbstliebe ist das, was ihr wirklich wieder entdecken müsst, denn wenn ihr das Selbst liebt, liebt ihr Gott, weil Gott in euch selbst ist.

Und dann begreift ihr, dass alles Äußere eine Illusion ist. Alles, was ablenkt von „Gott", vom „Selbst" in eurem Selbst, alles, was euch davon entfernt, kann sich in ein Erkennen des Wesentlichen wandeln. Dieses oberflächliche Schauen, nur auf die Materie zu schauen und die Weigerung, das, was dahinter ist, zu erkennen und annehmen zu wollen, wird nun mehr und mehr transformiert.

So ist Materialismus ein Ausdruck der Angst vor dem „Selbst im Selbst" oder, anders gesagt, Angst vor dem „Gottselbst" oder, noch anders gesagt, vor dem Göttlichen im Menschen selbst.

So ist es also Zeit, dass ihr die Furcht ablegt und eine demütige und liebevolle Achtung vor „Gott selbst" in eurem Selbst empfinden lernt. Vor eurem Selbst also. Indem ihr also erkennt, dass Gott selbst nur Liebe ist, nur Liebe und Licht sein kann und das, was „Gottselbst" in eurem Selbst ist, Liebe ist und daher vollendet in Resonanz geht: mit der urgöttlichen Quelle, mit jeder Wesenheit, mit allen Wesen, mit der Erde, mit den Elementen, mit den Tieren, mit den Wassern, mit den Sternen, mit den Planeten, denn in jedem dieser Wesen ist „Gottselbst" im

Selbst ein Ausdruck „seiner selbst". Das bist du.

Das Bewusstsein Melchizedek in Verbindung mit den Meistern aus Shambala

☆☆☆

Sind die Eigenschaften und Charakterzüge eines Menschen wirklich vom Stand der Planeten bei seiner Geburt abhängig, oder hat sich etwas verändert durch das Zeitgeschehen?

Nun, das ist eine Frage, die die Menschen seit langer Zeit beschäftigt. Alte Lehren und Weisheiten weisen bereits auf diese Tatsachen hin. Und seit vielen Jahrtausenden gibt es weise und gelehrte Menschen, die diese Lehren verbreiten und anhand des Stands der Sterne dem Menschen einiges über seine Eigenschaften oder Aufgaben erzählen können.

Die Antwort auf diese Frage lautet wie folgt: Ihr werdet ausgegossen aus dem höchsten und heiligsten Bewusstsein zu einer Energie, die sich Urseele nennt.

Diese Urseele hat unendlich viele Aspekte und einen Hauptaspekt, dem sie folgt: Die Qualitäten dieser Urseele machen sich auf den Weg, sich selbst zu erfahren und kennenzulernen, sich auszugießen auf verschiedene Ebenen und Dimensionen. So auch bis in die dichteste Dichte hinein, so auch auf die Erde in die Manifestation des Menschen, Tieres oder der Pflanzen.

So verhält es sich, dass nicht nur die Menschen, sondern auch die Tiere und die Pflanzen je nach dem Moment der Geburt und der ersten Zellteilung auf der Erde mit beeinflusst werden durch den Stand der Planeten und Sterne.

Aus der Urseele heraus verbinden sich einige Aspekte und Formen einer weiteren Seelenenergie in einer ganz bestimmten Kombination und Schwingungsfrequenz. Dieses Bewusstsein, sozusagen Teilbewusstsein der Urseele, möchte sich manifestieren. So wird dieses Bewusstsein dem göttlichen Willen folgen, den Erdenweg antreten und sich in die erste Zellteilung ergießen.

Das heißt, ein Teil dieses Bewusstseins ergießt sich dort hinein. So ist sogar schon der Zeitpunkt der Zellteilung von Bedeutung, denn während das Einfließen dieser Energie stattfindet, transformiert sich die Energie in eine tiefere Schwingung.

Jedes Wesen ist ungleich heller, lichtvoller, leuchtender, höher in der Schwingung, als ihr euch vorstellen könnt. Doch da diese Frequenz für die Materie, die Zelle, nicht verkraftbar wäre, transformiert sich dieses Bewusstsein in eine langsamere Schwingung hinunter.

Während dieses geschieht, passiert dieses Bewusstsein, diese Energie, verschiedene Ebenen, Dimensionen, so auch die Ebene der Planeten und Sterne des Alls, bis in den Moment der Zellteilung, gerufen durch die Energie, die die Eltern miteinander gezeugt haben, die noch weiter schwingt als während der Zellteilung selbst.

So fließt dieses Bewusstsein also in diese Zellteilung hinein und beseelt mit dem göttlichen Funken die ersten Zellen. In dem Moment wird festgelegt, wer oder was dieses Wesen sein wird.

Das heißt, die genetische Information, die im Zellgewebe enthalten ist, die emotionale Information der Eltern, die Seelenanteile aus der Urseele, die sich verbunden haben und die Information verankern, und auch die Information, die die Seele auf ihrem Weg der Transformation bis in die Zelle aufgenommen hat. Und da alles beseelt ist und alles als Wesen betrachtet werden kann, ist es nur natürlich, dass die Seele dem Wesen der Planeten und Sterne begegnet und in der Kommunikation mit diesem bereits zu lernen beginnt, das heißt, dass sie das Wissen, das sie in dem Moment aufnimmt und bekommt, integriert und mit in die Zelle hinein verankert.

So kann ein Wesen mehr solare Kraft mitbringen, lunare Kraft, Kraft des Mars, des Jupiters, der Venus, wie auch immer, sowie die Konstellation der einzelnen Sternenbilder, der einzelnen Planeten und Sterne, die untereinander ebenfalls auf ihrem Lauf kommunizieren. Das erzeugt wiederum eine bestimmte Information, einen bestimmten Austausch an Wissen und Schwingung, eine bestimmte Vermischung von Information, die die Seele ebenfalls mit in die Inkarnation transportiert, in das Irdische, in die Zellsubstanz hinein.

So ist die goldene Sonne im Zentrum vollkommen beseelt mit allen Informationen, die dem göttlichen Willen entsprechen, sich auf der Erde manifestiert haben, und diese magnetische Kraft fügt die Zellen zusammen, die wieder durch weitere Zellteilungen entstehen, die sich aus sich selbst heraus teilen und neu gebären, und so wird dieses Wissen in jede einzelne Zelle hinein verankert.

Die Eigenschaften der Familienstruktur, der Seele selbst, der göttlichen Urquellensubstanz, die Eigenschaften und das gesamte Wissen der Zelle, der Urzelle, und die Eigenschaft der Sterne und Planeten und ihre Konstellationen und ihre Kommunikation werden geboren.

„Weshalb ist dies so gewählt und geschaffen?" war deine Frage.

Es geht hierbei darum, dass das Wesen, das geboren wird, einen größtmöglichsten Schatz an Informationen zur Verfügung haben soll, um seine Aufgabe zu erfüllen und sein göttliches Prinzip bestmöglich zu verankern und zu erfahren, um das zu heilen und zu befreien, was noch zu befreien und zu heilen ist, und überall dort bestmöglicher Informationsträger in der Begegnung mit anderen Wesen zu sein.

Das Wesen, das neu geboren die ersten Atemzüge nimmt, zum Beispiel der Mensch, wäre für die Gesamtinformation noch nicht geeignet, weil die Zellen in ihrer feinen Schwingung gerade erst einmal lernen, mit der Dichte der Dualität umzugehen und sich selbstständig durch die Verbindung mit der Quelle immer wieder mit Lebensenergie und allem, was es braucht, zu nähren, um die Grundbedürfnisse eines Wesens zu erfüllen.

Dies beinhaltet auch die Information der ersten beiden DNS-Stränge, die für die Grundbedürfnisse stehen. Im Laufe der Zeit und im Wachstum eines Wesens ist der Körper mehr und mehr in der Lage, mehr an Seelensubstanz aufzunehmen, zu integrieren, umzusetzen und zu verstehen. Und so fließt bis zum 21. Lebensjahr immer mehr Seelensubstanz in dieses Wesen hinein.

172

Meist geschieht dies kurz vor dem Tag, an dem sich die Geburt jeweils jährt, weil dann ein Entwicklungszyklus abgeschlossen ist und es zusätzliche Informationen braucht, um die nächsten Schritte zu gehen.

So braucht ein dreijähriges Kind die Information, um sich langsam etwas zu lösen und mehr Bewusstsein zu erfahren, den eigenen Willen zu ergründen, und ein Neugeborenes die Information, zu verstehen, wann es Hunger und Durst hat. Wie fühlt sich Liebe an, wie kann ich die Mimik der Menschen und Wesen, die mich umgeben, verstehen lernen, wie trete ich in Kommunikation mit dem, was ich bin und was mich umgibt, wie entfalte ich mein Vertrauen?

Ein Kind, das zwischen zwölf und dreizehn Jahre alt ist, braucht die Information, wie es sich langsam von festgefahrenen Glaubenssätzen, Strukturen und Mustern lösen kann, die es von den Eltern, älteren Bezugspersonen und Familienmitgliedern als Prägung mitbekommen hat. Um sich auf den Weg zu machen, es selbst zu werden, braucht dieses Kind andere Wesen dieses Alters, den Mut, sich zu lösen, sich selbst zu zeigen und die Konsequenzen seines Handelns, also die Handlung selbst, zu erfahren.

So strömt also immer wieder Energie aus der Urseele in Verbindung mit der Seele selbst als Information in dieses Wesen hinein. Der Geist, der Mensch, das Wesen erfährt Entwicklung und Wachstum und hat mehr und mehr die Möglichkeit, mit dem, was es umgibt und was es lernt, umzugehen, es zu verstehen und einzuordnen. Dabei hilft die planetare Energie, die sich entsprechend der Konstellationen der Planeten und

Sterne zu jedem Geburtstag neu formiert und zusätzlich in neue Kommunikation geht. Dieses Wissen und diese Erfahrung bereichern das Wesen, das inkarniert ist.

Es sind also die Eigenschaften der planetaren Konstellation, der Begegnung des Bewusstseins der Planeten und Sterne, die Raum einnehmen und dem Menschen zur Verfügung stehen, als Wissen und Weisheit, als Information, als Möglichkeit auf der Erde und auf jeder Ebene zu agieren, wo das Wesen sich manifestiert hat, um Erfahrungen zu sammeln in der Verbindung mit anderen Wesen und den eigenen Handlungen, die durch den Charakter entstehen, der das Wesen ausmacht.

Nun ist es aber auch so, dass ihr Menschen diesen Informationen keineswegs ausgeliefert seid, sondern dass ihr euch durch Selbstheilung, das Arbeiten an den Charakterzügen, die noch veredelt werden dürfen, herauslöst, vollständig befreien könnt, durch die Bejahung der allumfassenden Liebe in eurem Leben, bis ihr ganz und gar euer Selbst lebt. Das heißt, ihr werdet dann nicht nur erwachsen im Menschlichen, sondern auch im Geist.

Ein Wesen, das als Erwachsener angesehen wird, das im Geist erwachsen geworden ist, kann ein vollkommen geheiltes Inneres Kind sein, denn es hat alle seine Seelenanteile aus der Kindheit, sein Heranwachsen vollkommen integriert, verstanden, überwunden, geheilt, die Vergangenheit erlöst, Gleichgewicht erschaffen und geht seinen Weg nun vollkommen frei.

Das ist der Moment des Aufstiegsprozesses, in dem eine solche Seele begreift, dass sie nur noch das tut und das erfährt und ihr nur noch das begegnet, was sie tatsächlich zutiefst auch wünscht. Durch die Kraft dieses befreiten ICH BIN wird manifestiert, was Gleichgewicht erschafft.

So ist es also sehr wichtig, dass die Integration der Seelenanteile aus der Kindheit so gut wie möglich vollzogen werden kann, das heißt, je weniger ein Kind während dieser Zeit mit Informationen konfrontiert wird, die nach außen etwas anderes zeigen als im Innen ist, umso unversehrter kann solch ein Kind heranwachsen und verstehen, was es wahrnimmt, und sich selbst zum Ausdruck bringen.

Je weniger Schockerlebnisse, je weniger Unfrieden solch ein Kind in seinem Umfeld, besonders innerhalb dieser Integrationsphasen, erfährt, umso vollständiger wird dieses Wesen nach seinem 21. Lebensjahr den Weg des Erwachens gehen.

Denn wenn zum Zeitpunkt der Integration dieser Anteile etwas geschieht, was dieses Wesen erschreckt oder verkrampft und es sich verschließt, können auch Seelenanteile, die gerade dabei sind, sich zu integrieren, abspalten und außerhalb bleiben, das heißt, dem bewussten Abrufen der Seele, zu der sie gehören, nicht mehr zugänglich sein.

Sie gehen nicht verloren, sind aber wie ein Potenzial, das nicht genutzt werden kann, ähnlich der 12-Strang-DNS, die außerhalb vorhanden, aber noch nicht ganz zur Körperebene rückverbunden ist, wo sie sich manifestieren kann.

So ist also ein geheiltes Kind der wunderbarste Nährboden für die vollständige Rückverbindung der tatsächlichen vielfachen DNS, des gesamten Potenzials eines Wesens.

Darum, ihr Lieben, tragt Sorge für eure Kinder, sie sind die Engel dieser Zeit. Seid gütig und klar, wahrhaftig und offen, liebt sie um ihrer selbst willen, und wenn sie euch Fragen stellen, seid wahrhaftig und antwortet ihnen, so gut ihr eben könnt. Gerade die Kinder dieser Zeit brauchen ein wunderbares, wohlwollendes Umfeld, denn sie sind große Lehrer, die auf die Erde kommen, um der Welt zu helfen.

An alle, die noch an ihrer Kindheit leiden: Arbeitet daran, übergebt dieses Leiden der Liebe und dem Licht.

Glaubt an die Gnade, glaubt an die Liebe, die alles vollkommen transformiert. Vergebt euch, wenn ihr glaubt, ihr wärt nicht die Kinder gewesen, die eure Eltern sich gewünscht hatten, und vergebt euren Eltern, wenn ihr glaubt, dass sie nicht die Eltern waren, die ihr euch gewünscht hattet.

Begreift, dass ihr euch gefunden habt nach dem Gesetz der Resonanz, der Anziehung, um durch die Manifestation im Austausch und in der Kommunikation in dieser Vielfalt an Informationen, die ihr alle mitgebracht habt, zu wachsen, euch zu entwickeln und zu neuem Bewusstsein, zum Christusbewusstsein, zu erwachen.

Denn das Goldene Zeitalter beginnt mit der Heilung eures Herzens, eures Inneren Kindes, mit der Heilung der Herzen der Geschwister und Eltern.

Mit der Heilung der Familien, der Nachkommenschaften, mit der Heilung in der Begegnung mit der Natur, den Tieren und Pflanzen.

Durch diese Heilung erst kann Frieden entstehen. Also heile dein Herz, sei Frieden, gieße Frieden aus und heile mit deinem Frieden ein stück weit die Welt ein bisschen mit.

Denn die Wesen, die dir, heiles Herz, heiliges göttliches Kind, begegnen, finden in deinem Heilsein Rückverbindung und Erinnerung an ihr wahres Bewusstsein, an ihre Gegenwart, an ihre Urseele, oder können sich ihren eigenen Seelenanteilen wieder öffnen, alles loslassen und in die Liebe hineingehen, geheilt und erlöst.

Und so können alle Wesen in ihrem ICH BIN erstrahlen, in ihrer eigenen Qualität, um dann zu erkennen, dass sie eins sind.

In diesem Sinne grüße ich euch in Liebe und Dankbarkeit,

Adonai Elohim.

Über Glauben und Religionen

Auf dem Schwingungsnamen der kosmischen Verbindung, auf den Strahlen des kosmischen Regenbogens, sprechen wir zu euch.

Wir bringen euch Botschaften zu den Themen „Glauben und Religion".

Viele Religionen sind in Form von Botschaften aus dem Licht über Äonen auf diese Erde geflossen, von Menschen aufgenommen und wiedergegeben, gemäß ihrem Verstehen, und das Projekt „Aufstieg der Erde" ging voran, langsam zwar, aber dennoch stetig.

Jede dieser alten Weisheitslehren, denn das sollten diese Religionen sein, jede dieser Lehren brachte viel Gutes, Wahres, aber auch die Schwierigkeit, als ein Teil des Ganzen verstanden zu werden.

Nun, heute seid ihr alle reif zu begreifen, dass jede Philosophie, jede Religion gleichwohl der Gleichheit aller Wesen entspricht, gleichsam einzigartig Teil des Ganzen ist und nun durch die Kraft der Liebe zusammengefügt werden darf, als göttliches Gefühl, als Worte des Herzens, als Worte der Liebe, die nun zu euch strömen, um in der Tiefe verstanden zu werden. Damit durch diese Tiefe alte Worte, die ebenso aus dem Herzen kamen, aber durch Menschenhand verändert und durch Gedankenkörper verwirrt wurden, wieder ins Gleichgewicht kommen, damit sie als Worte des Herzens als Liebeserklärung des Göttlichen an die Schöpfung verstanden werden.

So löst sich vieles auf, was festgefahren war, und was als schmerzlich gelebt und erkannt wird, darf gehen, und der Geist des Menschen wird immer freier.

Und durch all die Äonen der Vergangenheit hat die Sonne im Herzen der Menschen immer ein Sehnen ausgestrahlt, das Sehnen nach der Heimat, und dieser Strahl ist seit Anbeginn der Schöpfung ewig eingeflossen in das kosmische Herz und hat Antworten gefunden – entsprechend dem Verstehen der Menschheit.

Alte Glaubensvorstellungen, Rituale, Praktiken und Einweihungstechniken dürfen jetzt als zur damaligen Zeit gehörende Kraftimpulse erkannt werden, um den Lebensplan des Irdischen zu gehen, um dann losgelassen zu werden und zu verstehen, dass die Heimkehr in eurem Inneren geschieht, durch das Erwachen und das Verstehen, dass das Göttliche längst eingekehrt ist in euch, immer schon da war und nun mehr und mehr euer Denken, Fühlen und euren Körper durchlichtet, eure Schwingungen mehr und mehr durchlichtet und der Liebe und dem Frieden anheim stellt.

Und so werdet ihr Menschen, frei von den Strukturen der Religionen und Glaubensätzen, ein tiefes Wissen in euch feststellen dürfen, ein tiefes Wissen um die Wahrheit, dass ihr geliebte Kinder seid, und dieses Wissen wird in euch eine starke magnetische Kraft auslösen, die euch auf sicherem Weg zu Frieden und Licht führt.

Vergebt euch und der Vergangenheit, vergebt der Gegenwart und den Ängsten der Zukunft und glaubt daran, dass sich alles letztlich wundervoll liebend zusammenfügen wird und jede Weisheit, jede Botschaft aus dem Licht ihren wahrhaften Glanz bekommt und der Kosmos als Einheit erkennbar wird.

Möge das Projekt „Aufstieg der Erde", „Heimkehr zur Liebe", „Rückkehr zur goldenen Mitte im Inneren eures Herzens" und „Rückkehr in das kosmische Herz, in die göttliche Kommunikation", gelingen.

In diesem Sinne grüßen und segnen wir euch mit Klarheit und mit Verstehen, mit der Fähigkeit, beweglich zu sein am Körper und im Geist, und in der Seele mit der Fähigkeit, zu verbinden und durch diese Verbindung ganz zu sein.

Amen.

Seid gegrüßt.

Das Bewusstsein Phytagoras, Laotse und Kwan Yin

Fragen und Antworten dazu

Wieso machen viele Menschen die Erfahrung, dass ihr Beten nichts nützt?

Viele Menschen beten, wenn sie in Not sind, wenn sie etwas brauchen, vergessen aber das Gebet der Dankbarkeit, wenn es ihnen gut geht. Doch das Gebet üben, das wahre Gebet üben, das göttliche Gebet üben sollt ihr in Dankbarkeit, auch in den Momenten, in denen es euch gut geht, denn dadurch wächst das Vertrauen, dadurch entsteht eine Gewissheit, dass das Göttliche da und der Mensch darin geborgen ist.

Es geht also hier darum, euch in euren Gebeten mit absoluter Gewissheit klar auszudrücken, mit Bestimmtheit zu sagen, was ihr braucht, und dann mit derselben Bestimmtheit das Gebet loszulassen im Vertrauen, dass es erhört und bereits beantwortet ist und sich die Antwort manifestiert.

Aber diese Antwort wird auf eine Weise kommen, die für euch am besten ist, denn es wäre nicht sinnvoll, eure Gebete vollumfänglich Wirklichkeit werden zu lassen, wenn ihr aus eurem Ungleichgewicht heraus um etwas bittet, das euch Schaden zufügen könnte.

So gibt es einen göttlichen Filter, durch den ihr eure Gebete fließen lassen könnt und durch den alle eure Gebete den Weg in die göttliche Quelle finden. Dieser Filter transformiert eure Gebete so, dass sie durch die göttliche Quelle zu eurem höchsten Wohl beantwortet werden können, denn es wäre nicht gut, wenn etwas zu euch kommen würde, das durch euer Ungleichgewicht, durch Disharmonie oder Angst erbeten worden ist.

Also betet aus ganzem Herzen, aus reiner Motivation, aus dem tiefen Glauben heraus,– und wenn ihr nur einen Gedanken an die göttliche Quelle schickt, eine einzige Bitte aussendet – dass die Antwort bereits gekommen ist und sich nur noch zeigen muss. Und wenn ihr betet, tut es mit offenem Herzen und der Liebe und dem Wunsch, dass nur das gegeben werden soll, was zum höchsten Wohl von euch und allen Wesen ist, da der Schutz des göttlichen Gebetsfilters wirkt, der euch auch davor schützt, dass alle negativen Gedanken sich umsetzen und Wirklichkeit werden, die ihr am Tag oder auch nachts in euch tragt.

Angenommen, ihr schaut einen Film, der relativ dunkel und düster ist und habt Gedanken zu diesem Film, und weiter angenommen, es gäbe diesen Filter nicht und die Gedanken würden Wirklichkeit werden, ich glaube kaum, dass euch das gefallen würde.

Und so gibt es auch Illusionen. Der eine denkt, diese Droge tut mir gut, das ist schön, jetzt habe ich schöne Bilder. Das sind Gedanken, die von wenig Liebe getragen sind, die in einem Mangel an Liebe schwingen. Gäbe es diesen Filter nicht, würde dieser Gedanke aufgegriffen werden und sich sogleich erfüllen. So schützt euch dieser Filter vor den Folgen vieler Gedanken, selbst vor denen mit Wut im Bauch.

Stellt euch vor, alles würde Wirklichkeit werden, was ihr bereits gedacht habt, denn jeder Gedanke ist Gebet. Was heißt Gebet? „Geeebet"! Dieses Wort kommt von Geben. Du gibst einen Gedanken ans Universum und sagst: Gebet, der Gedanke möge zurückkommen! Also trägst du diese Kraft in dir. Wenn ein Gebet beantwortet wird, ein wirkliches Gebet, und du Hilfe und Unterstützung bekommst und deine Wünsche erfüllt werden, bekommst du diese Unterstützung aus diesem inneren Wissen heraus, dass Gott sie dir gegeben hat.

So vertraue darauf, dass das Göttliche alles, was du ins Universum gibst, jedes Gefühl, jeden Gedanken filtert und das höchste Wohl – dein höchstes Wohl – immer an oberster Stelle steht.

Das Bewusstsein Vywamus-Lenduce

Warum glauben Menschen immer noch an Religionen, warum sind Religionen nötig, und warum genügt der Glaube an Gott nicht?

Eine weise und sehr komplexe Frage. Schau, der Glaube an Gott genügt, wenn der Glaube zur Gewissheit wird.

Alle Religionen sind von euch dazu geschaffen, euch daran zu erinnern, damit ihr begreift: Ich bin, was ich bin, und was ich bin, ist Gott, der sich zum Ausdruck bringt.

Also, wenn der Glaube an Gott, der in allem ist, zur Gewissheit wird, wenn der Mensch sich hundertprozentig als göttliches Wesen bejaht, wenn er in allem, was ihm begegnet, in jedem Atom, das Absolute, Urgöttliche, den Urschöpfer, anerkennt und bejaht, wird Glaube zur Gewissheit, und das genügt.

ICH BIN! – Das „ICH BIN" braucht keine Bestätigung dafür, dass es ist. Es ist.

Und du, der du jetzt gerade diese Botschaft liest oder hörst, du bist jetzt. Dafür brauchst du keine Bestätigung. Das weißt du. Das ist gewiss. Dieses „Es ist", dieses „ICH BIN" braucht keine Religion, es weiß um seinen Ursprung in Gott.

Nimm diese Gewissheit und wandle den Glauben an Gott in absolute Bejahung, in Gewissheit der Existenz des Göttlichen in allem. Dann bist du heimgekommen.

Dann könnten alle Religionen für dich eine Verschmelzung von universeller Wahrheit werden, und diese Wahrheit taucht ein in die Gewissheit, dass in allem Gott ist. „ICH BIN!"

Und wenn du sagst: Ich bin das „ICH BIN", ist es Gott, der dieses aus dir heraus spricht.

Das Bewusstsein Vywamus-Lenduce

☆☆☆

Wann entsteht eine Einheit zwischen den Religionen, und welchen Sinn haben die Religionen, bis es so weit ist?

Schau, über alle diese vielen Jahrtausende gab es viele Religionen, Glaubensüberzeugungen, und es gab viele Weise und Propheten, die als Medium gearbeitet und göttliche Wahrheit, göttliches Wissen, auf die Erde gebracht haben.

Das, was den Menschen gefehlt hat, ist diese universelle Wahrheit und das Wissen, das durch verschiedene Menschen, die der Herzensweisheit schon sehr nahe waren, und durch verschiedene Kulturen geprägt auf die Erde gekommen ist. Alle diese Lehren dürfen mit dem Leim der Liebe zusammengefügt und über das Herz verstanden werden.

Die Religion hat den Menschen dazu gebracht, über den Sinn seines Lebens nachzudenken, über den Ursprung, und die Welt, wie sie heute ist, hat sich entwickelt, und auch die Religionen hatten ihre Aufgabe.

Doch kommt eine Zeit, in der die verschiedenen Religionen, insbesondere die fünf Weltreligionen, zusammenfließen können, dürfen, sollen, und aus jeder dieser Religion, Kultur und Glaubensüberzeugung entsteht die göttliche Gewissheit, dass alles, was da zusammenfügt ist, Liebe ist.

Und wenn das geschieht, kann diese Form von Religion aufgelöst sein, und ein tiefer Glaube, eine tiefe Gewissheit, ein Wissen um die Gleichheit aller Wesen, aller Menschen und aller Religionen wird geboren. Und die Essenz aus all dem wird die Menschen in die Einheit zurückführen, und dann wird himmlischer Frieden auf der Erde sein.

So sind wir, so ist Gott für den Weg der Liebe.
Wir sind/er ist nicht *gegen* Religionen, aber *für* die Liebe.

So sucht in alle Religionen die Wahrheiten und Weisheiten, in denen die Liebe zum Tragen kommt, und fügt sie zusammen.

Und alles, was außerhalb der Liebe schwingt, lasst los, wünscht Frieden für euch und für alle Wesen.

Das Bewusstsein Vywamus-Lenduce

Über die Gleichheit aller Wesen

Wir sprechen über die Gleichheit aller Wesen. Gleich seid ihr, und dennoch ist jeder einzigartig.

Darum begreift: Ihr seid aus der einen gleichen Substanz entsprungen, und somit trägt jeder von euch, jedes Wesen, das existiert, das Göttliche in sich.

Über dieses Verstehen hinaus ist die Schönheit des Göttlichen, die Offenbarung aus dem Licht, in deiner Einzigartigkeit zu erkennen.

Und wir sagen dir, liebe Seele, die du zu diesen Worten findest: Es wird eine Zeit kommen, in der es kein Oben und kein Unten mehr gibt, kein Rechts und kein Links, sondern nur noch die Mitte, dann bist du an dem Punkt, von dem du ausgegangen bist.

Diese Mitte findest du in der Zentralsonne deines Herzens, die friedvoll und geborgen in der einen großen Christussonne ruht, in dieser Energie, diesem Bewusstsein, das der Quelle gleich ist und sich in unendlicher Vielfalt ausgegossen hat.

Wenn du in deine Mitte gehst, in die Sonne in dir, siehst du, dass diese goldene Substanz dieselbe Substanz ist, die allen Wesen innewohnt.

Die jeder Zelle innewohnt.
Die jeder Feinstofflichkeit innewohnt.
Bis in alle Dimensionen hinein.
Bis über die Schöpfung der Materie hinaus.

Über die Vierte Dimension hinaus, in die Fünfte und weit darüber hinaus; in das Alles-was-ist, geborgen in der gleichen einenden Liebe.

Dieses eine, goldene Licht, dieser Geist ist es, der die Form bestimmt, ihr das Leben einhaucht und sie durch Werden und Vergehen wandelt.

So sei gesegnet im Verstehen der Gleichheit aller Wesen, denn du bist dem Göttlichen gleich wie das Göttliche dir, und du bist jedem Wesen, ob Pflanze, Tier, Mensch und Alles-was-ist gleich, wie es umgekehrt dir gleichermaßen gleich ist.

In deiner Einzigartigkeit erschaffst du das Bild des Ganzen mit. In diesem Bewusstsein sei achtsam mit dir und allem, was dich umgibt, was dir begegnet, was dich liebt, weil du ihm gleichst.

Liebe auch du!

Und Friede begegnet dir von Augenblick zu Augenblick.

Weder Höher noch Tiefer, weder Breiter noch Schmaler, in der Einheit seid ihr alle gleich und dennoch wundervoll in eurer Einzigartigkeit.

Ich segne euch, ich grüße euch!

Licht vom Licht im Licht des kosmischen Herzens, auf der Schwingungsfrequenz Vywamus-Lenduce, in der Verbindung mit der großen Engelgegenwart Mutter Maria.

Fragen und Antworten dazu

Wieso fügen Menschen anderen aus Spaß Leid zu? Warum sind so viele Menschen egoistisch und nur auf sich selbst bezogen? Wieso wächst der Egoismus?

Egoismus ist ein Zeichen dafür, dass der Mensch Angst hat vor der Verantwortung.

Egoismus ist weit von Selbstliebe entfernt, denn wer sich selbst liebt und etwas tut, das ihm guttut, kann nur noch Gutes tun, nur noch an das Ganze denken.

Egoismus ist also auch ein Zeichen dafür, dass derjenige, der sich so verhält, einsam ist. Unendlich einsam, sich abgetrennt fühlt von Gott und allen Menschen, von Gott und dem Leben selbst. Egoismus ist ein Zeichen für seinen stummen Schrei: „Ich bin allein, wo bist du?"

Aus diesem Egoismus heraus entstehen Taten, die verletzen, die viele Scherben zurücklassen, aber auch eine Reaktion erzeugen, die Reaktion der Umwelt, und durch diese wird der Mensch spüren, dass er doch nicht alleine ist, dass er einen Einfluss hat auf das Ganze. Nur ist hier der Einfluss wenig positiv, hier ist die Antwort Schmerz, Frustration, Wut und Gewalt.

So ist es Zeit für die Menschen, sich wieder gewahr zu werden, dass sie verbunden sind mit allem, dass jeder Gedanke, auch der kleinste, jedes Gefühl, auch das kleinste, jedes Wort, auch das kleinste, jede Handlung, auch die kleinste, das Ganze berührt. Alles berührt, alles verändert, und die Antwort auf diese Veränderung wird zu ihm zurückkommen.

Und dann wird er erkennen, dass Egoismus, Maßlosigkeit, Geiz und all diese Eigenschaften aus Selbstliebe veredelt werden sollen, denn im tiefsten Inneren sucht jedes Wesen nach Liebe.

Es ist das Natürlichste, es ist das, was in allem gewünscht ist, und es gibt kein Wesen auf dieser Erde, das nicht geliebt werden möchte.

Das Bewusstsein Vywamus-Lenduce und Enoch

☆☆☆

Wieso schauen viele Menschen so stark aufs Materielle, aufs Äußere, die Hautfarbe, das Geld, die Kleider usw.?

Aus Mangel an Selbstwert, Selbstvertrauen und Selbstliebe.

Nun, ich spreche erneut die Selbstliebe an. Liebe deinen Nächsten wie dich selbst. Die Selbstliebe müsst ihr wieder entdecken, denn wenn ihr das Selbst liebt, liebt ihr Gott, weil Gott selbst in euch ist.

Und dann begreift ihr, dass alles Äußere eine Illusion ist, dass alles, was ablenkt von Gott, vom Selbst in eurem Selbst, alles, was euch davon entfernt, eben dieser Materialismus ist, dieses oberflächliche Schauen, nur auf die Materie zu schauen, und das, was dahinter ist, nicht erkennen zu wollen.

So ist Materialismus also ein Ausdruck der Angst vor dem Selbst im Selbst oder, anders gesagt, Angst vor Gott selbst oder, anders gesagt, vor dem Göttlichen im Menschen selbst.

So ist es Zeit, dass ihr die Furcht ablegt und eine demütige, liebevolle Achtung vor Gott selbst in eurem Selbst, vor eurem Selbst, empfinden lernt und erkennt, dass Gott selbst nur Liebe ist, nur Liebe und Licht sein kann. Dass das, was Gott selbst in eurem Selbst ist, Liebe ist und somit in Resonanz mit der urgöttlichen Quelle,– eins mit jeder Wesenheit, mit allen Wesen, mit der Erde, mit den Elementen, mit den Tieren, mit den Wassern, mit den Sternen, mit den Planeten.

Denn in jedem dieser Wesen ist Gott selbst im Selbst ein Ausdruck seiner selbst.

Das bist du.

Das Bewusstsein Vywamus-Lenduce und Enoch

✩✩✩

Es wird immer wieder gesagt, man soll nicht werten oder bewerten. Aber ohne Wertung kann keine Entscheidung getroffen werden.

Es ist das Verständnis des Wortes „werten", welches das Verständnis ausmacht. Natürlich musst du für dich persönlich erkennen können, was du bejahst oder verneinst, oder irgendetwas auf eine Weise einzustufen, damit du damit umgehen kannst, verstehst du?

Mit dem Bewerten meine ich vielmehr das, was du ablehnst, das, was du nicht verstehst, und das, mit dem du glaubst, nicht umgehen zu können. Denn wenn du dieses bewertest, nimmst du ihm den Wert. Denn es gibt nichts, glaubt mir, nichts!, was einfach nur schlecht oder falsch ist. Es ist eure Wahrnehmung, die etwas dazu macht, eure Bewertung, verstehst du?

Man darf sich durchaus entscheiden, etwas anzunehmen oder etwas bleiben zu lassen. Doch verurteile nicht, was du nicht verstehst oder ablehnst. Denn genau das kann für eine andere Seele das Zentrum ihres Lebens sein und von Wichtigkeit, denn glaubt mir, wir alle können nicht ermessen, was für unseren Nächsten wichtig ist.

Denn es ist die Seele eures Nächsten, die entscheidet, welche Erfahrungen sie aus welchen Begebenheiten zieht, verstehst du nun? Ich danke dir für diese Frage, denn sie ist für alle hier von großer Wichtigkeit gewesen.

Das Bewusstsein Vywamus-Lenduce und Enoch

☆☆☆

Darf ich mich von jemandem lösen, wenn mir die Beziehung nicht guttut, und ist das dann auch eine Form von Werten und Urteilen?

Liebes, du hast das Recht, die Entscheidungen für dein Leben zu fällen. Du hast das Recht zu bestimmen, mit wem du in Kontakt bist, und mit wem nicht. Das ist aber nicht gleichbedeutend mit Werten, verstehst du? Damit sagst du nicht, dass dieser andere schlecht ist. Damit sagst du lediglich, dass das, was in dieser Beziehung gelernt werden sollte, gelernt ist und sich Wege kreuzen, aber auch trennen, um dann neue Begegnungen zu haben, neue Lernfelder.

Es ist keine Bewertung, wenn du sagst: Ich möchte jetzt diesen Menschen nicht mehr an meinem Leben teilhaben lassen. Denn trotzdem ist es so, dass dieser Mensch auf eine andere Art und Weise verbunden ist mit allem und somit auch mit deinem Leben, auch wenn er nicht mehr direkt Teil daran hat. So, wie auch du verbunden bist mit dem Leben aller, die hier sind, wenn auch vielleicht nicht in dieser direkten Form.

Es gibt verschiedene Möglichkeiten, einem Menschen zu erklären, dass die Wege auseinandergehen. Es gibt den Weg des Wertens, indem man Schuld verteilt, indem man den anderen auf eine Weise von sich weist, in der sich der andere als Schuldiger verabschieden muss, verstehst du?

Und da, Liebes, bleibt ein ungutes Gefühl zurück, eine ungute Verbindung, etwas Unerlöstes. Das ist richtig.

Doch du kannst auch einen Menschen ziehen lassen, ihm sagen, dass du ziehen möchtest, auf eine Weise, in der keine Schuld verteilt wird, wo du nicht abwertest, was zwischen euch gewesen ist, denn es war eure Wahl, diese Erfahrung zu machen. Denn in dem Moment, in dem du abwertest, was in einer Beziehung geschehen ist, nimmst du auch den Wert deiner Erfahrungen und deiner Entwicklungen weg.

Darum bitte ich dich, fühle dich nicht schuldig, verteile aber auch keine Schuld. Entscheide dich für dich, für deinen Weg, so, wie du es für dich als richtig fühlst, in Verbindung mit der inneren Stimme.

Verurteile nicht, aber denke auch nicht, dass du schuld daran bist, wenn der andere sich verletzt fühlt.

Denn dieses Sich-verletzt-Fühlen, wenn man in einer Beziehung zurückgewiesen wird, ist nichts anderes als der Spiegel der Illusion der Getrenntheit, und dieser Spiegel wird der Menschheit nun in Zukunft immer deutlicher gemacht.

Jeder muss selbst seinen Weg in das ALL EINS SEIN, in diese Einheit finden. Ihr könnt einander begegnen, unterstützen, aber ihr könnt es nicht füreinander tun, denn es wäre nicht gut, wenn du dein Leben nur aus dem Gedanken heraus hingibst, das Leben eines anderen nicht berühren zu wollen, weil es ihm vielleicht wehtut, verstehst du?

Das Bewusstsein Vywamus-Lenduce

Über Himmel und Erde

Über Himmel und Erde sprechen wir zu euch, auf dass der Himmel wahrgenommen werde auf der Erde. Ihr nennt den Himmel Himmel über euch im Universum und die Erde Erde, weil ihr noch trennt – in Himmel und Erde, den Himmel, den ihr über euch im Universum, das die Erde umspannt, wahrnehmt, und die Erde, die darin ruht und sich dennoch lebend bewegt.

Diesen Himmel, den ihr betrachtet, luftig, leicht, ja, der euch feinstofflich erscheint, empfindet ihr als so weit entfernt von euch. Und die Erde, auf der ihr steht, geht und lebt, empfindet ihr als so dicht. Doch vergesst ihr, dass die Erde Teil des Universums ist, des Himmels, in dem sie ruht und lebt, und dass diese Substanz, die ihr Himmel nennt, in ihrer Feinstofflichkeit durch eure Lungen, durch eure Zellen, durch Alles-was-ist hindurchströmt. Also diese Feinstofflichkeit des Himmels in eurer physischen Wahrnehmung ist längst vereint mit der Dichte. So, wie der Sauerstoff, den du einatmest, der durch die Dichte deiner Lungen, deines Körpers, deines Blutes, all deiner Zellen dennoch in seiner gasförmigen, feinstofflichen Natur alles durchströmt.

Dies ist nur ein Gleichnis, ein Beispiel, denn das Göttliche hat alles, was es erschaffen hat, sich selbst gleich erschaffen. So kannst du davon ausgehen, dass der Himmel, den du Himmel nennst, das Paradies, die hohen Lichtwelten, die du so weit entfernt von dir wahrnimmst, weil du auf der Erde bist, in der Materie längst alles durchströmt und beseelt hat, was existiert, weil das Universum und die Erde im Kosmos in diesen Lichtwelten ruhen und leben. Und so ist der Himmel in dir selbst zu finden. In jedem Grashalm, in allem, was du berührst, ja, in der Erde, auf der du stehst.

Himmel und Erde sind eins. Ein und dasselbe, nur unterschiedlich in ihrer Schwingung. Es ist der Geist, der allem innewohnt. Dieses klare, reine, goldene Licht. Heile deine Emotionen, Mensch, heile deine Gedanken. Lass diese Wahrheit in dir wieder auferstehen, und du wirst wissen, dass du heimgekehrt bist, und du wirst dadurch in das Kollektive, in das Gesamtbewusstsein der Menschheit und aller Wesen, dieses Wissen hineingießen. Der Moment des Übergangs der Erde in die Feinstofflichkeit, die Heimkehr in den Himmel, wie du es nennst, die vollkommene Verbindung mit Gott, wie du es auch nennen kannst, mit diesem einen großen Geist, dieser vollkommene Moment entsteht durch dieses Bewusstsein in dem Augenblick, in dem ein bestimmtes Maß an Wissen und Bejahung dieser tiefen Wahrheit sich in dir verankert hat.

So lade ich dich ein, in die goldene Mitte deines Herzens zu gehen und zu sehen, wie der große Geist in deinem Herzen weht und wie der Himmel, das Paradies, wie auch immer du es nennst, was auch immer du dir vorstellst dabei, weit größer ist, lichtvoller, schöner und liebevoller, als du überhaupt ahnen kannst. Und dass dieses Paradies, dieser Himmel in deinem Herzen ist und aus deinem Herzen heraus in alles scheint und alles in diesem Licht lebt.

Möge das Auge deines Herzens sich öffnen. Möge das weibliche und männliche Auge des Horus sich öffnen und in der heiligen Trinität in neuer Kraft erstrahlen, ausgerichtet auf die Liebe und den Frieden.

Seid gesegnet in der heiligen Verbindung des Bewusstseins Salomon, des Bewusstseins Echnaton, des Bewusstseins Nefertiti oder Nofretete, wie ihr sie nennt, und des Bewusstseins all jener, die bemüht sind, das Wissen um die Zentralsonne, die Christussonne, in allem wieder zu verankern. Amen.

Ich grüße euch, seid gesegnet.

Fragen und Antworten dazu

Wieso hat die Erde Schwerkraft und andere Planeten nicht?

Eine wirklich große Frage. Schau, die Erde benötigt die Schwerkraft, um so zu sein, wie sie eben ist, denn hätte die Erde die Schwerkraft nicht, würden die vielen kleinen Teilchen, die sie zusammengefügt haben, auseinanderfallen.

Ich werde es zum einen kindgerecht beantworten, und dann eine Erklärung auf einer anderen Ebene geben, damit es auch die Großen verstehen.

Wenn du eine Kiste Orangen vor dir siehst, stell dir vor, diese Orangen wären einzelne Teilchen, die zusammengeführt eine Kugel ergeben. Diese Orangen sind so fest, dass du sie greifen kannst. Sie sind zwar immer noch luftig wie Gas, aber dennoch fest, das heißt, sie bewegen sich in einer Geschwindigkeit, die du noch berühren kannst.

Nun müsstest du, wenn du der liebe Gott wärst, diese Teilchen zusammenfügen, damit eine Kugel entsteht, die fest ist, damit du Menschen auf die Erde schicken kannst, damit Tiere und Pflanzen dort leben können. Du müsstest etwas finden, was die Teilchen zusammenhält. Würdest du in der Mitte eine Kugel wählen, eine Orange, die eine besondere Kraft hat, nämlich all die vielen Orangen anzuziehen, würdest du alle anderen Orangen um diese eine Orange herum anordnen, und so würde diese Kugel wachsen und wachsen, und der Mittelpunkt wäre so stark in seiner Kraft, dass er auch die äußeren Orangen noch anziehen und halten würde.

Nun ist der Planet entstanden. Wenn dieses Ding in der Mitte, was diese große Kraft hat, nicht wäre und die Orangen nur mit Zahnstochern zusammengesteckt wären, wie würdest du dann das Wasser auf der Erde fließen lassen können und die Menschen darauf spazieren lassen, weil die Erde ja rund ist und sozusagen im Himmel schwebt? Das Wasser, die Menschen, die Tiere würden herunterfallen.

So hat sich der liebe Gott für etwas entschieden, das wie ein Magnet ist und alles zur Erdenmitte anzieht. So kannst du auf der Erde gehen, so kann das Haus auf der Erde stehen oder sie zusammenhalten. Würde man die Orange in der Mitte wegnehmen, würde die Kugel auseinanderfallen.

Diese Kraft kommt aber nicht nur aus der Erde in der Mitte, sondern hat auch noch mit dem Himmel zu tun, denn auch das Universum erzeugt in unmittelbarer Nähe der Erde einen gewissen Druck. Es gibt um die Erde herum einen Ring, ihr nennt das Ozon, der ebenfalls einen Einfluss auf die Erdanziehung hat. Viele wissen das gar nicht, sie denken, er wäre da, um die Erde vor der Bestrahlung der Sonne zu schützen, doch er macht es euch auch möglich zu atmen, denn sonst würde alles entweichen.

Dieser Gegendruck ist dafür verantwortlich, dass, wenn ihr zu viel Abfall in die Umwelt entlasst, dieser in der Nähe bleibt und ihr schlecht atmen könnt. Das ist eine schwierige Frage, nicht einmal die Wissenschaftler verstehen alles. Du wirst aber noch erleben, wie die Menschen es verstehen werden.

Nun die Antwort für die Erwachsenen: Als das Urgöttliche die Erde schuf, entstand die Erde zuerst auf feinstofflicher Ebene, das heißt, das absolute, das vollkommene Bild der Erde ist in feinstofflicher Form erschaffen worden. Dieses Feinstoffliche der Erde hatte eine so enorm hohe Schwingung, dass Materie darauf nicht existieren konnte.

Die Seelen, die die Erfahrung der Materie machen wollten, um diese in die urgöttliche Quelle zurückzubringen, baten darum, die Erde noch einmal in einer dichteren Form zu erschaffen, indem diese feinstoffliche Form in der Schwingung herabgesetzt wurde. Dieses geschah. Die tiefer schwingende Form der Erde ist aber immer noch durchdrungen mit der Energie der feinstofflichen Erde.

Diese Energie hat eine so enorme Kraft, dass sie durch ihre Verbindung mit der feinstofflichen Form die Anziehung möglich macht. Den Wissenschaftlern ist nicht bewusst, dass die Anziehung existiert, weil die Erde auch im Feinstofflichen existiert und die Erde, die ihr kennt, eine Art holografische Darstellung der ursprünglichen Erde ist. Der Aufstieg der Erde ist nichts anderes, als dass sich die Menschen zur Verfügung stellen, diese feinstofflichen Frequenzen wieder in die grobstoffliche Version zulassen, damit sie wieder mit der geistigen Urform verschmelzen kann.

Deshalb gibt es große Verschiebungen der Erdplatten und die Probleme mit der Natur, der Luft und der Erderwärmung. Dies ist auch der Grund, weshalb viele Menschen momentan unter Schwindel und Gleichgewichtsstörungen leiden.

Die Anziehungskraft der Erde ist von großer Bedeutung, weil sich sonst dieses Bild der Erde auflösen würde, sie wäre sofort feinstofflich und würde sich mit der Urerde verbinden. Das wird geschehen. Die meisten Menschen werden sich durch ihre eigene Kraft verändern, damit sie weiterleben können,– bis auf diejenigen, die diesen Weg nicht mitgehen können, weil sie die Schwingung nicht ertragen würden und die Erdanziehungskraft noch brauchen, sonst würden sie auseinandergerissen wie ein Mensch im All.

Es ist sehr schwierig, euch all dies zu erklären, weil ihr noch zu sehr mit der Physik verhaftet seid, doch im Universum wirken völlig andere Kräfte. Menschen, die ihren Körper immer mehr durchlichten, werden diesen Aufstieg mitmachen; sie werden keine Tragödien erleben, weil sie in einem anderen Bewusstseinszustand sind und keine andere Wahrnehmung besitzen. Dies klingt alles sehr utopisch.

Ihr Menschen habt Mühe, diese Vorstellung anzuhören, geschweige denn, sie zuzulassen, da dieses bei vielen Angst erzeugt. Ich bin hier, um euch die Angst davor zu nehmen. Wisset: Ihr könnt diesen Schritt ohne großes Leid gehen. Es hängt nur von eurem Bewusstsein ab.

Das Bewusstsein Vywamus-Lenduce

✩✩✩

Wie groß ist das Weltall?

Unendlich. Das All ist riesengroß. Es gibt viele verschiedene Ebenen. Mancher, der schon auf den Mond geflogen ist, hat gehofft, eine Grenze zu entdecken, Lichtwesen zu entdecken, die bestätigen, dass da noch etwas ist. Ich kann dir nur sagen, dass hinter dem euch bekannten Universum noch viele andere existieren. Ein multidimensionales, kugelförmiges Leben mit vielen verschiedene Schwingungen.

Selbst ich begreife das Universum noch nicht. Lasst uns alle Schritt um Schritt wieder Licht werden, ohne Angst zu haben, dass etwas verlorengeht.

Das Bewusstsein Vywamus-Lenduce

☆☆☆

Kannst du mir etwas über den Aufstieg der Erde sagen?

Es ist Zeit für die Welt, für alle Wesen, Zeit, dass ihr eure Herzen öffnet.

Euer Herz soll sich so weit öffnen, sich entfalten dürfen wie eine Rose,– im Bewusstsein um die eine Essenz, aus der ihr alle kommt, auf dass ihr die ganze Welt, ja, den ganzen Kosmos in eurem Herzen wiedererkennen könnt.

Wenn das geschieht, geht eine Welle von Licht und Liebe von euch aus.

Diese Welle hebt die Erde aus ihrer Dichte und lässt sie mit ihrem Höheren Selbst verschmelzen, der feinstofflichen Form der Erde, die voll und ganz bereit ist für diese Verschmelzung.

Auch ihr strebt die Verbindung mit euren höheren Anteilen

an wie die Erde. Das ist der Aufstieg, von dem alle reden. Und ihr alle seid ein Teil davon. Ihr alle dürft ein Teil dieses göttlichen, kosmischen Projektes sein.

Viele Portale haben sich geöffnet. Viel mehr Licht, viel mehr Farbstrahlen sind auf der Erde, und fortlaufend kommen neue Farben, neue Energien durch das geöffnete Tor, durch das Sternentor Pegasus, hinzu. Sie strömen in jene Wesen ein, die bereit sind, diese Energien anzunehmen. Dies erzeugt eine Verbindung mit Wesen auf anderen Bewusstseinsebenen, damit alles zusammen wieder eintauchen kann in das Bewusstsein der einen göttlichen Quelle.

Und so ist auch mein Auftrag, den ich in jenem Leben begonnen habe: Ich darf euch dabei begleiten, in die Buddha-Energie einzutauchen, damit die Erde selbst zu einem großen Glücksbuddha wird.

Damit ihr den Himmel in der Materie erfahren dürft, die nun verfeinert wurde.

Wenn ihr begreift, Menschenwesen, die ihr seid, dass ihr aus dem natürlichen Menschsein heraustreten könnt, indem ihr euch von eurem Christusbewusstsein, dem Christus-Logos, durchströmen lasst und in Resonanz tretet mit dieser Energie. Denn es ist ein Bewusstsein, unabhängig von Religion. Es ist das Leben selbst. Dann könnt ihr euch zum göttlichen Menschen verwandeln. Das der vollzogene Lichtkörperprozess.

Euer Bewusstsein dehnt sich aus bis in die höheren Dimensionsebenen, und aus jenen Ebenen heraus projiziert ihr die

Energie und das Bewusstsein des Hohen Selbst der Erde, eures eigenen Wesens und noch höherer Bewusstseinsebenen, wodurch die Erde in diese Bewusstseinsebenen hineingehoben wird, und alle Wesen mit ihr.

Je nach Bewusstsein könnt ihr dann immer feinstofflicher wahrnehmen und erfahrt immer friedvollere und vollkommenere Dimensionsebenen der Erde und eures Lebens.

Und wenn ihr dann zum vollkommenen Ausdruck eures Christusbewusstseins geworden seid, habt ihr den Adonai-Körper integriert. Das heißt, ihr lebt euer Dharma, eure wirkliche Lebensaufgabe. Dann lebt ihr die Wahrheit, die ihr seid. Denn jede Schwingung, jede Ebene hat ihre eigene Wahrheit. Und so habt ihr alle, jeder Einzelne von euch, seine eigene Wahrheit und seid Teil der ganzen Wahrheit, der kosmischen Wahrheit. Und wenn ihr dieses Licht integriert und bejaht, nehmt ihr euch an. Voll und ganz. Dann habt ihr alles transformiert, was noch der Heilung bedurfte.

Und so darf dann die Erde auch in ihre Buddha-Ebene eintreten. Und in diesem kurzen Moment der Blaupause, in diesem Innehalten, der wie ein kleiner Atemstillstand zwischen Ein- und Ausatmen ist, geschieht die Verschmelzung. Das ist der Moment, in dem ihr all euren Lieben nahe seid, wo auch immer ihr seid und sie sind.

Das ist der Moment, in dem es unwichtig ist, ob eine Seele in der Geistigen Welt ist oder in der Materie. Weil die Herzensverbindung stetig und wahrnehmbar ist.

Das ist der Moment, in dem ihr alle, genau wie dieses Medium hier, in klarem Kontakt sein könnt mit jenen Ebenen, zu denen ihr euch hinaufschwingen könnt, um diese bewusst zu erfahren und zu erleben.

Und so wünschen wir euch allen eure ureigene Erfahrung mit dem Gottselbst in und um euch.

Das Bewusstsein Lord Buddha

Über eure Gefühle und Gedanken

Die Engel der Liebe strömen in den Raum aus dem Bewusstsein des kosmischen Herzens. Auf der Schwingungsfrequenz Hanael, Hadraniel, Ezechiel strömen wir in den Raum.

Über eure Gefühle und Gedanken sprechen wir zu euch, ihr göttlichen Kinder, ihr gottgleiche Schöpfung, die ihr seid. Über das Verstehen, dass jedes Gefühl kostbar ist und stark, jeder Gedanke kostbar und stark und jeder Gedanke, der auf der Welle des Gefühls gedacht oder ausgesprochen ist, bereits Handlung darstellt, auf den Manifestation folgt.

Jene Gedanken, die Dichte manifestieren, die Schwere bringen, sind ebenso Teil deines Wesens, des Wesens Mensch, wie auch die Gedanken, die Leichtigkeit und Liebe bringen und das Leben beleben. Darum urteile und werte nicht. Richte nicht über deine Gefühle und deine Gedanken, denn sie zeigen dir das Ergebnis deiner Fähigkeit, Erfahrungen zu begreifen und umzusetzen.

Dort, wo du durch Erfahrungen Gedanken der Dichte und der Schwere hegst, bekommst du aus deiner Gefühlsbibliothek den Impuls, diese Manifestation als sichtbares Ergebnis einer alten Verletzung zu manifestieren. Und wenn du dann dieser Verletzung wieder begegnest und sie begreifst, erwacht der Geist der Liebe. Und Gedanken der Liebe, der Güte, der Leichtigkeit schwingen nun auf dem Impuls der Liebe aus deiner Gefühlswelt hinaus und wandeln die Gedanken der Schwere um.

So dient der Gedanke der Dichte deinem Wesen als Möglichkeit, zu erwachen. Der Gedanke der Liebe zeigt dir das Maß an bereits erwachtem Bewusstsein, bereits erwachtem Herzen. Darum schätze deine Gedanken und Gefühle und achte sie, achte auch den Schmerz in dir.

Und dann lass zu, dass du verstehst und der Gedanke und das Gefühl das Tor deines Herzens passieren, um dort als erwachte Liebe, erwachtes Bewusstsein, umgewandelt in Gedanken des Lichts, auf der Liebe schwingend, aus dir heraus in alles hineinzuströmen. Auf dass sich in deinem Leben mehr und mehr Liebe und Licht manifestieren, mehr und mehr Visionen des Herzens der Güte sich zeigen.

Hole deine verdrängten Gefühle, deine verdrängten Gedanken aus ihrem Abseitsdasein heraus, lege sie in dein erwachtes Herz der Liebe und begreife, dass sie das Ergebnis sind aus Erfahrungen, die noch verstanden werden möchten, die noch Heilung brauchen. Erfahrungen, die unabhängig von ihrer Form und Intensität gelebt werden wollen, um sich in dieser Liebe in Wissen und Weisheit und in ein ansteigendes Potenzial deines erwachten Herzens zu wandeln.

Das göttliche Gefühl entsteht dort, wo natürliche Emotionen durch Liebe gewandelt sind und Frieden entstanden ist. Alle deine natürlichen, emotionalen Zustände, Taten und Wahrnehmungen wandelst du, indem du sie annimmst als eine Teilstufe auf deinem Weg in die Vollkommenheit, in das Erwachen zur Wahrheit, dass du im großen Geist bereits ganz bist.

Alle Hilfe, alle Begleitung, die du dafür wünschst, wird zu dir strömen, denn es ist jetzt die Zeit, in der der Mensch begreift, dass jedes Gefühl und jeder Gedanke, die ausgegossen werden ins Universum, als Same gesät werden. Ein Same, der die Frucht hervorbringt, die aus der Erfahrung entstanden ist, dass jedes Gefühl und jeder Gedanke alles durchdringt. Denn Alles-was-ist ist Feinstofflichkeit.

Und so gibt es in Wahrheit keine hundertprozentige Dichte, denn alles, was sich dir als Materie zeigt, ist fließende Kraft, Energie, Schwingungsebene um Schwingungsebene. Darum wandle mehr und mehr durch das erwachte Herz, durch die erwachte Liebe und sende ins Universum, gieße in alles die Samen der göttlichen Fruchtbarkeit, des göttlichen Gefühls. Denn die Früchte, die daraus entstehen, sind Früchte der Weisheit und des Wissens, sind Früchte der Süße, der bedingungslosen Liebe, die fähig ist, alle anderen Gedanken und Gefühle, die aus der Schwere, aus dem Unverständnis ins Universum gegossen wurden, in der Welt vollkommen zu wandeln.

Seid gesegnet in eurem Wandel, in eurem Verstehen und in eurem erwachten Herzen. Wir grüßen euch in Liebe. Erwacht zur Liebe.

Bewusstsein des Kosmischen Herzens und die Engel der Liebe, Hanael, Hadraniel und Ezechiel

Fragen und Antworten dazu

Warum haben wir Menschen Gefühle?

Eure Gefühle sind das Kostbarste, das ihr habt. Das ist einzigartig am Menschen. Gefühle sind gleichbedeutend mit Wissen.

Eure Gefühle erzeugen ein unglaublich großes Maß an Wissen, eine Art universelle Bibliothek.

Eure Gefühle erzeugen die Möglichkeit der Selbsterfahrung.

Das Leben selbst ist Gefühl, und weil du ein Ausdruck Gottes bist, kannst du sicher sein, dass alle Gefühle, die der Mensch in sich wahrnimmt, identisch sind mit den Gefühlen, die Gott selbst in sich wahrnimmt, nur dass die höchste Emanation Gottes, das absolute Bewusstsein, bereits vollumfänglich harmonisch ist.

Wenn du erkennst, dass du aus diesem harmonischen Bewusstsein heraus auf die Erde geboren bist. Wenn du das wirklich erkennst, wenn der Moment in deiner Entwicklung kommt, in dem du dazu erwachst,– wenn dieses Erwachen geschehen ist, dann werden alle deine Gefühle geklärt sein und dich eintauchen lassen in die vollumfänglich harmonische Bewusstheit Gottes, die du dann bist, und das kann in jedem Moment sein.

Dazu bedarf es nur einer einzigen Sekunde,– der Sekunde, voll einzutauchen in das Wissen, dass du das Ebenbild Gottes bist. Sei gesegnet auf deinem Weg des Erwachens und frage, denn erst wenn die Seele keine Fragen mehr hat, taucht sie ein in das vollumfängliche Wissen.

Das Bewusstsein Sanat Kumara

☆☆☆

Wie stark können uns negative Dinge beeinflussen?

Nun, alles, was schwer ist, zieht dich herunter, was leicht ist, lässt dich nach oben schweben.

Leichtigkeit bedeutet Aufstieg, bedeutet Fliegen, Schwere bedeutet Absinken. Alles, was da ist, ist Schwingung, alles, was Leben ist, ist Energie oder, anders gesagt, sind Atome. Hier gibt es Energien, die dichter schwingen, und Energien, die höher schwingen. Sehr hoch schwingende Energien sind für das menschliche Auge nicht mehr sichtbar, so, wie die meisten von euch die Lichtwesen noch nicht wirklich sehen können, mit wenigen Ausnahmen. Und so sind tief schwingende Energien dicht.

Dies soll eine Erklärung sein, warum negative Energien dich mehr herunterziehen, denn wenn du negativ handelst, wird deine Energie dichter. Sie zieht dich hinunter auf eine Ebene, in der immer dichtere Begegnungen geschehen, das heißt also, du begegnest dann immer mehr Menschen, die ebenfalls dichter schwingen, und so entsteht gemeinsam eine kollektive Dichte, eine gemeinsame dichte Energie, die euch immer tiefer herunterzieht.

Wenn du dich aber lichtvoll, liebevoll in hohe Schwingungen hineinbegibst, mit der Liebe deines Herzens, ziehst du auch dieses an in deinem Leben, und du wirst dich hoch hinaufschwingen und auf jenen Ebenen andere Wesen finden, die mit dir schwingen.

Doch all dies soll keine Wertung sein, denn jede Erfahrung ist wichtig. So ist auch ein Wesen, das dicht schwingt, gleich göttlich wie du, wenn du hoch schwingst.

So ist der Mensch, der anders schwingt als der Engel, gleichwertig mit dem Engel, denn alles muss so sein, weil jede Essenz, jedes einzelne Atom einen freien Willen hat und jede Erfahrung dazu dient, herauszufinden, was das Leben selbst möchte.

Der Weg ist das Ziel, und das Ziel ist die göttliche Quelle, die Heimkehr zur urgöttlichen höchsten Schwingung.

Das Bewusstsein Melchizedek

☆☆☆

Kann etwas jungen Menschen guttun, gleichzeitig aber alten Menschen schaden oder umgekehrt?

Nun, zuerst einmal, ob Alt, ob Jung, der Mensch ist Seele, und die Seele kommt aus dem Einen. So seid ihr also alle gleich.

Und das, was dem jungen Menschen schadet, schadet dem alten, und das, was dem alten schadet, schadet dem jungen. Es ist die Gleichheit. Es ist Zeit, dass die Erwachsenen merken, dass die Jungen gleichwertig sind und sie ihnen nicht verbieten können, was sie selbst tun.

Alle Wesen sollten also beginnen, auf ihr Inneres zu hören und das zu tun, was ihnen guttut. Es ist dasselbe wie in den Fragen zuvor: Das gute Gebet, das gute Früchte bringt.

Das Bewusstsein Melchizedek

☆☆☆

Gespräche mit Menschen, Musik, Filme, Texte haben eine Wirkung auf uns Menschen. Wie kann man merken, ob etwas guttut oder allenfalls schadet?

Es ist richtig, wenn du fragst: Kann ein Gespräch, eine Begegnung, ein Film, ein Zusammensein schädlich sein?

Ja, es kann, wenn das, was stattfindet, eine tiefe Schwingung einnimmt und die Früchte, die daraus reifen, „faul" sind. Nun, wie kannst du herausfinden, ob es für dich gut oder schlecht ist?

Fühle in dich hinein, fühle vor allem auch deinen Körper, denn er ist der Tempel deiner Seele. Der Körper ist das Instrument, in dem deine Seele wohnt, und er signalisiert dir, ob du dich nach einer Begegnung gut fühlst oder schlecht.

So ist das, was deinem Körper Schaden zufügt, von wenig Vorteil für deine Seele, und so ist das, was deiner Seele Schaden zufügt, von wenig Vorteil für deinen Körper.

Also beobachte dich. Beobachte dich, wie du dich fühlst, und höre damit auf, die Brille der Illusion zu tragen und dir einzureden: Ich bin ja stark, es macht nichts aus.

Denn es kommt hier nicht darauf an, stark zu sein, sondern darauf, integer zu sein, wahrhaftig zu sein, ehrlich zu sein mit sich selbst, aus Liebe zum eigenen Wesen. Dann wirst du automatisch Gesellschaft suchen, die dir guttut, die gute Früchte bringt, Gesellschaft, Erfahrungen, durch die du lachend durchs Leben gehst, damit du am Morgen, wenn du erwachst, sagen kannst: Heute ist ein guter Tag, klare Luft reinigt meine Lungen, und aus meinem Herzen kommt klares Licht, der Tag strahlt, selbst wenn es draußen regnet.

Das Bewusstsein Melchizedek

☆☆☆

Was ist der Zusammenhang zwischen dem ALL-EINS-SEIN und dem Alleinsein?

Das Alleinsein, mein liebe Seele, ist das Gefühl, das dir vorgaukelt, dass du unverstanden und völlig isoliert von allem in deinem Sein bist und nicht geborgen, nicht in Begegnung mit dem Leben. Das Alleinsein ist das Gefühl, das in dir eine Trauer auslöst, eine Wut manchmal auch, die da sagt: Warum versteht mich niemand, warum sieht man nicht, was ich möchte? Das Alleinsein ist eine Emotion, die nicht geklärt ist. Die Essenz aus dem Alleinsein heraus, die wirkliche Essenz wäre das ALL-EINS-SEIN.

Das ist die Wahrheit, das Wissen, dass du mit allem, mit dem ALL, ja, mit allem ALL EINS BIST. Dass, auch wenn du keine Resonanz wahrnimmst zu dem, was du tust, was du fühlst, was du denkst, du doch verbunden bist mit allem und geborgen und verstanden, und es nur deine Wahrnehmung verhindert, dass es nicht so ist. Verstehst du?

Ich danke dir für diese Frage, denn das Alleinsein ist ein Gefühl, das ihr alle kennt, auch ich, denn auch ich bin meinen Weg gegangen und weiß, wie schmerzvoll diese Illusion sein kann.

Das Bewusstsein Sanat Kumara und Vywamus-Lenduce aus dem Kosmischen Herzen

☆☆☆

Ich habe oft das Gefühl, allein zu sein. Und ich weiß auch um die Dinge, die du gesagt hast, aber das hilft mir nicht. Ich komme manchmal nicht aus diesem Gefühl heraus, aus diesem Nichtverbundensein und aus dieser Wut und was sonst noch hochkommt. Wie kann ich mich davon befreien?

Liebe Seele, wenn diese Emotionen in dir hochkommen, ist in dir noch etwas, das du nicht gelebt hast, das du nicht herausgelassen hast, etwas, das in deinem Körper sitzt und dieses Gefühl immer wieder zurückholt. Auch wenn du weißt, dass es das ALL-EINS-SEIN gibt, so ist das Alleinsein als Muster in dir noch vorhanden, zurückgehalten wohl nur noch im Körper, in deinem Zellgedächtnis, nicht mehr im Geist, aber dennoch löst es immer wieder dieses Gefühl aus.

Es ist wichtig, glaube mir, und dies gilt nicht nur für dich, dass der Körper nicht zurückgehalten wird, dass Gefühle, die herauskommen wollen, über den Körper auf eine konstruktive und gute Art herausgelassen werden.

Das bedeutet nicht, zu streiten oder ständig herunterzuschlucken, was euer Körper euch zeigt, was er euch sagt,– sei es nun Fieber, seien es Kopfschmerzen, Hals- oder Ohrenschmerzen, Husten usw., und auch Magenschmerzen, die ganz besonders auf unterdrückte Wut hinweisen, und Rückenschmerzen, die auf einen Mangel an Liebe und Aufmerksamkeit hinweisen.

Dass ihr, wenn ihr diese Symptome in eurem Körper habt, es wagt, in das Zentrum dieses Schmerzes, in den Ursprung dieses Gefühls, hineinzugehen.

Das heißt aber nicht, in diesem Schmerz zu verweilen und stundenlang zu leiden, denn die Zeit des Leidens ist vorbei.

Aber wagt es, für eine kurze Zeit in das Zentrum dieses Schmerzes und in diese Reaktion hineinzugehen und zu fragen: Was teilst du mir mit, was brauchst du? Was brauchst du, um geheilt zu werden und gehen zu dürfen?

Dies kann etwas aus der Materie sein, ein Tee vielleicht, es kann aber auch geistig sein in Form eines Gebets, einer Farbe usw.

Und da fängt es an, euren Wahrnehmungen, eurem Körper zu vertrauen, denn er teilt euch doch mit, warum er reagiert und was er braucht, verstehst du? Und je mehr diese Gefühle aus dem Körper herausgeholt werden, umso mehr wirst du das ALL-EINS-SEIN spüren.

Und noch etwas: Denkt nicht, dass ihr in kurzer Zeit das ALL-EINS-SEIN vollständig und vierundzwanzig Stunden am Tag wahrnehmen könnt. Das wäre zu viel verlangt, denn da ist ja noch die Erde, die schwingt, und all das Geschehen um euch herum.

Doch ihr werdet es immer besser schaffen, immer länger, und das wird euch beglücken und weiterbringen. Denn je länger ihr dieses Gefühl aufrechterhalten könnt, umso klarer sind eure Wahrnehmungen, umso klarer ist euer Handeln.

Das Bewusstsein Sanat Kumara und Vywamus-Lenduce aus dem Kosmischen Herzen

☆☆☆

Ich habe noch eine Frage zu der letzten, aber mehr im Zusammenhang mit dem Körper. Ich unterdrücke meine Gefühle inzwischen nicht mehr, aber sie entladen sich oft wie ein Vulkan. Ich kann sie nicht zurückhalten, sie kommen hoch, und meine Nächsten wissen nicht, was mit mir geschieht. Wie kann ich damit umgehen und diese Gefühle besser in den Griff bekommen?

Jedes Herauslassen eines Gefühls kommt als Gefühl zu dir zurück.

Und sind das nicht oft Spiegelungen?

Ist nicht oft die Reaktion, die von außen kommt, ein Spiegel dessen, was du gerade gewagt hast herauszulassen?

Und genau da liegt der Punkt.

Die Reaktion, die von außen kommt, hilft dir zu erkennen, was du eben losgelassen hast. Es ist eine Art Synchronizität, verstehst du?

Nimm es gelassen hin und sei immer wieder offen, zu reden, zu klären und zu erklären, warum deine Reaktion auf diese Weise kam.

Es ist richtig herauszulassen, was in dir, in deinem Körper Blockaden verursacht. Es ist aber auch wichtig, dieses zu erklären, denn dadurch gibst du deiner Umgebung die Chance zu verstehen, was in dir geschieht, und damit auch die Chance, sich selbst weiterzuentwickeln.

Und sprecht ihr nicht aus, was in euch ist, und zeigt ihr nicht euer wahres Gesicht, verhindert ihr nicht nur eure Entwicklung, sondern auch die Entwicklung eures Nächsten. Versteht ihr das?

Alle Wesen sind angewiesen auf Berührungen, auf Reaktionen, um daraus zu lernen und vor allem sich selbst zu erkennen. Wir alle bedürfen eines Spiegels.

Das Bewusstsein Vywamus-Lenduce

☆☆☆

Wie kann ich lernen zu verzeihen, auch wenn es mir schwerfällt?

Ich kann verstehen, was du meinst. Und es ist wohl schwierig, die Wunden, die durch Verhaltensweisen aus der Umgebung wieder aufgehen und die Schmerzen daraus zu verzeihen.

Das ist nicht einfach.

Doch glaube mir, es ist noch viel schwerer, im Nichtverzeihen zu bleiben.

Denn deine Seele weiß, dass sie frei wird, wenn sie verzeiht. Und so ist es viel schwerer, im Nichtverzeihen zu verharren und gefangen zu sein.

Und vergiss nicht, was dich vermeintlich verletzt, wo du vermeintlich Menschen siehst, die an dir schuldig geworden sind,– es sind nichts anderes als alte Verletzungen, die berührt wurden und Erinnerungen in dir wachgerufen haben, Verletzungen, die noch nicht wirklich abgeheilt sind, und daher solltest du versuchen, auch wenn es vielleicht anfangs nicht immer funktioniert, diesen Menschen dankbar zu sein, weil sie dir vor Augen führen, wo du noch mehr Selbstliebe, Selbstachtung in dich hineinfließen lassen darfst. Selbstbeachtung! Sei dir bewusst, es ist viel schwerer, viel schmerzvoller, nicht zu verzeihen und gefangen zu sein in den Verstrickungen des Lebens und schmerzhafter Begegnungen.

Das Bewusstsein Sanat Kumara und Vywamus-Lenduce aus dem Kosmischen Herzen

Wie kann ich aus dem Mitleiden ins Mitfühlen kommen und mich vor all den traurigen Dingen etwas schütze, die ich sehe und höre, ohne dass ich mich verschließe?

Schau, du brauchst dich nicht diesem Schmerz und diesen Menschen gegenüber zu verschließen. Du musst nur erkennen, dass du ihnen den Schmerz nicht abnehmen darfst. *Mitfühlen*, nicht *Mitleiden*. Nicht denken, dass du sie von diesem Schmerz befreien sollst, sondern erkennen, dass es deine Aufgabe ist, sie in ihrem Schmerz zu begleiten, verstehst du?

Denn es ist ihr Schmerz, ihr Lebensweg und ihr Lernprozess, so, wie du deinen Lebensweg hast, deinen Lernprozess und deinen eigenen Schmerz. Es ist gut, dass du deine Aufgabe in deiner Berufung so voll und ganz annehmen möchtest.

Es ist gut, dass du deine Arbeit mit so viel Herz und Licht tust. Doch erkenne, dass du nicht mitleiden sollst, sondern mitfühlen, denn das ist ein großer Unterschied.

Wenn du beginnst mitzuleiden, wirst du handlungsunfähig und kannst durch dein eigenes Ermüden keine Begleitung für andere sein.

So durchströme euch das Licht der Liebe, der Wahrheit, der Heilung und des Mutes, der Selbstoffenbarung, der Hingabe, den Weg zu gehen, der euch bestimmt ist, und gleichzeitig den Weg anzunehmen, der dem Nächsten bestimmt ist.

Seid gesegnet im Namen der höchsten ICH BIN-Gegenwart, im Namen aller, die den Weg bereits gegangen sind.

Wir grüßen euch.

Sanat Kumara und Vywamus-Lenduce aus dem Kosmischen Herzen

Über Schwüre und Eide, Versprechen und Gelübde

Schwingungsebene um Schwingungsebene, auf der Schwingungsfrequenz des Bewusstseins Metatron und Melchizedek, strömen wir zu dir. Unsere Botschaft ist Energie, Schwingung, Klang und Farbe, die nun, in Worte übersetzt für dich, liebe Seele, den Raum, dem du dich widmest, öffnet und erfüllt. Wir wollen mit euch über Schwüre, Eide, Versprechen und Gelübde sprechen.

Ihr lieben Seelen, löst alle eure Versprechen auf, eure Gelübde, eure Schwüre und Eide, und befreit dadurch euer Selbst, euer Leben, eure Seele, euren Geist und auch all jene, die durch diese Versprechen gebunden wurden. Wenn ihr etwas versprecht, bindet ihr nicht nur euch selbst an die Erfüllung dieses Versprechens, sondern auch alle, die darauf warten müssen, bis das erfüllt ist, was versprochen wurde. Und gebt ihr anderen Menschen Impulse, dass sie euch Dinge versprechen, bindet ihr ebenso beide Teile. So befreit euch aus allen Versprechen, denn wenn ihr an die Erfüllung eines Versprechens gebunden seid, wird eure Seele alles daran setzen, ein Versprechen zu erfüllen, denn sie ist göttlich, und das Göttliche kennt nur das Ja.

Und so ist der Raum gefüllt mit der Konzentration auf die Erfüllung dieses Versprechens, und eure Visionen werden daran gehindert, sich zu erfüllen. Eure geistigen Schöpfungen und Kreationen, eure Ideen werden gehindert, sich durch eure Versprechen zu erfüllen. Manches Versprechen, das vor langer Zeit gegeben wurde, widerspricht deiner Vision des Bewusstseins im Heute. Löse alle Gelübde, Treueschwüre und alle damit verbundenen Energien. Denn all dies bindet immer beide Teile.

Sei wahrhaft mit dir selbst, liebe Seele, die du diese Worte liest. Überdenke, wie viele Versprechen, ja, wie viele Worte du ausgesandt hast, zeitlich begrenzt oder unbegrenzt, ohne darüber nachzudenken, dass deine Seele alles tun wird, dieses zu erfüllen. Dann verstehe, dass dein menschliches Bewusstsein währenddessen die Nachhaltigkeit dieser Versprechen nicht ermessen konnte, nicht verstehen konnte, da noch Mangel an Bewusstsein war. Und dieser Mangel an Bewusstsein verhinderte, zu sehen, was in einer anderen Zeitspur vollbracht werden wollte und gleichsam durch jene Gelübde und Versprechen gehindert wurde.

Lebe von nun an in Wahrheit. Versprich nur, was du unmittelbar erfüllen kannst, damit der heiligste Geist oder, mit anderen Worten, die göttliche Führung oder, mit anderen Worten, die Kraft der Manifestation des Lichts in dir, frei ist in ihrer schöpferischen Kraft, dir gemäß deiner Entwicklung zu entsprechen.

Denn Worte der Liebe sind es, die zu dir kommen. Worte der Befreiung, die wir zu dir sprechen.

Treue, Liebe, Güte, Frieden sind Energien des Seins und bedürfen keinerlei Versprechungen.

Wenn du Treue bist, ist es ein Zustand, der ewig währt.
Wenn du Liebe bist, bist du dieses vom Anfang bis zum Ende.
Wenn du Güte bist und Verstehen, bist du dieses in jedem Augenblick.

Kehre mehr zum Sein zurück und überlasse dem göttlichen Geist der Weisheit in dir und um dich den Moment der Erfüllung deiner Visionen. Halte dein Herz frei für die Vision deiner Liebe in dir.

Verstehe, dass jedes Versprechen, jeder Schwur, jeder Eid, jedes Gelübde aus der tiefen Angst des Verlustes kommt, aus der tiefen angstvollen Erfahrung einer Verletzung, und heile sie. Lege nun in die Herzblume, in die Blume des Friedens, in die blaue Blume des Friedens, die wir durch die Botschaften des Lichts auf die Welt gebracht haben, alle deine Verletzungen und Erfahrungen. Schließe Frieden und erkenne, dass du eins bist und dass jeder Verlust sich auflöst in diesem Geist der Einheit und dass jedes Versprechen, jedes Gelübde, jeder Eid, jeder Schwur sich auflöst im Geist der Liebe, der dem Geist der Einheit innewohnt und Freiheit bedeutet.

In diesem Sinne segnen wir dich mit Freiheit auf allen Ebenen, mit Frieden in all deinen Erfahrungen und mit der Fähigkeit, wie eine geöffnete Schale aus deinem Innersten heraus den Impuls des heiligsten Geistes, des kristallinen Bewusstseins in dir und um dich wahrzunehmen und der liebenden Führung zu folgen, Liebe und Leben zu sein.

Wir grüßen dich.

Das Bewusstsein Metatron und Melchizedek

Fragen und Antworten dazu

Wieso halten viele ihre Versprechen nicht?

Es wird allzu oft versprochen, gedankenlos und ohne zu überlegen, welche Konsequenzen das Einhalten eines Versprechens hat auf den, der verspricht, aber auch auf jenen, der dieses Versprechen bekommen hat.

Es ist ein Mangel an Bewusstsein und eine Angst vor der Verantwortung, denn oft erkennt der Mensch erst nach dem Versprechen, welche Verantwortung er auf sich genommen hat, und dann bekommt er das Gefühl, dieser nicht gewachsen zu sein.

Anstatt wahrhaftig zu sein, ehrlich, und das Versprechen zurückzunehmen, indem er sagt: Ich fühle mich nicht in der Lage, in diesem Moment bin ich zu schwach, dieses Versprechen einzuhalten oder ich habe mir nicht überlegt, was ich da versprochen habe, ich bitte dich, mich aus dem Versprechen zu erlösen,– sagt er nichts.

Wenn der Mensch das nicht tut, bricht er das Versprechen, und das ist dann schmerzvoll für denjenigen, der das Versprechen bekommen hat, denn er fühlt sich betrogen. Derjenige, der es gegeben hat, fühlt sich auch betrogen, weil sein Höheres Selbst alles daran setzt, Versprechungen auch tatsächlich einzuhalten, denn der göttliche Teil in ihm weiß, dass Treue, Wahrhaftigkeit und Zuverlässigkeit wichtige Elemente sind.

Wenn der Mensch also ein Versprechen gibt und es nicht

einhält, aus Angst vor Last oder vor Verantwortung oder weil er nicht mutig genug ist zu sagen, dass er dieses Versprechen zurücknehmen möchte, werden das Höhere Selbst und die Seele an dieses Versprechen gebunden bleiben, weil es ein geistiges Gesetz ist.

Der Mensch wird beginnen, sich schuldig, sich um seine Freiheit betrogen zu fühlen, weil er an das Versprechen, das er gegeben hat, gebunden ist.

So ist es also gut, vorher zu überlegen, was ihr versprecht. Versprecht nur, was ihr auch wirklich halten könnt. Und wenn ihr leichtfertig ein Versprechen gegeben habt, dann seid so wahrhaftig, so schnell wie möglich, sobald das Bewusstsein und die Erkenntnis entstanden sind, dass ihr es nicht einhalten könnt, das Versprechen jener Wesenheit gegenüber zurückzunehmen, der ihr es gegeben habt, ihrer Seele, ihrem Höheren Selbst gegenüber, aber auch euch selbst und eurer Seele gegenüber.

Entlastet euch gegenseitig von euren Schuldgefühlen, denn ein offenes Versprechen ist gleichbedeutend mit einer offenen Rechnung.

Das Bewusstsein Vywamus-Lenduce

Über vergangene Epochen und Kulturen

Wunderbar ist der Weltenlauf, wunderbar ist die Erfahrung der Erde, die Erfahrung des Lebens, der Menschheit. Auf dem goldenen Strahl El-Elion, Aton, auf dem goldenen Strahl der Sonne, auf dem goldenen Strahl des Christusbewusstseins, das in jeder Kultur, in jeder Epoche präsent war und gemäß dem Verständnis der Kultur und der Epoche zum Ausdruck gebracht und verehrt wurde, strömen Wissen und Liebe in den Raum, in diese Zeilen, in diese Worte, in diese Begegnung mit dir.

Über vergangene Epochen, über vergangene Kulturen spreche ich zu euch. Jede Kultur, jede Epoche wurde durch den göttlichen Geist bejaht und strömte zuerst als Bewusstsein auf die Welt, um sich dort zu zeigen. Die Menschen wurden jeweils vorbereitet auf diese neue Ära, meist, indem die Erde eine Erschütterung erfuhr, zum Beispiel durch die Eiszeit, die Flut, die Dürre und vieles mehr. Die Erde sammelte alle Emotionen dieser Zeitepochen und Kulturen und wandelte sie um in manifestierte Energie, die sich auf der Erdoberfläche zeigte.

Diese Erschütterungen öffnete die Menschen für neue Energien, für neues Bewusstsein, ja, manchmal sogar für neue Körper. Neues Wissen konnte einfließen, und auf dem entleerten Boden der vergangenen Epoche entstand das Neue, das Göttliche, oder der sonnige Geist des Christus manifestierte sich neu, um in der Dichte Neues zu erfahren.

Nun seid ihr in einer Zeit, in der wiederum eine Epoche, eine Kultur, zu Ende geht. Die Weltkultur der Trennung geht zur Neige, und ihr werdet in die Kultur der Einheit zurückkehren, so, wie durch die Globalisierung mehr und mehr Einheit kommen wird, es zwar da und dort bebt und Erschütterungen auf verschiedenen Ebenen gibt, aber trotzdem der Geist der Einheit wächst.

Wenn diese Epoche zu Ende geht, vertraut darauf, dass auch die Erde sich erhebt.

Wenn diese Epoche zu Ende geht, wird sich das Bewusstsein der Welt in die fünfte Ebene erheben, das Tor der Wahrnehmung sich öffnen, das Tor des Wissens wieder auferstehen, das Tor der Schöpferkraft in die Fülle gehen und der Christus im Menschen auferstehen.

So wird das Wissen, die Weisheit der Vergangenheit, zurückkehren in euer Bewusstsein, weil der Schleier des Vergessens sich lüftet und ihr euch nun mehr und mehr erinnert und begreift und durch dieses Begreifen eure Emotionen in göttliches Gefühl übergehen.

So seid ihr bereit, das Wissen, die Weisheit der Vergangenheit, in handelnden Geist der Glückseligkeit zu wandeln.

Ihr werdet das Wissen der Erfahrung umsetzen und nach dem Herzen handeln, und wieder entsteht der alte Glanz im neuen Kleid der Liebe, und ihr seid rein und kraftvoll wie reinstes, kristallines Wasser, strahlend pur.

Verändert wird euer Handeln sein, verändert der Ort, an dem ihr steht, verändert der Fokus, euer Blick, euer Hören. Das ist der schöpferische Lebenstanz.

Vertraut darauf, dass auch die Erde sich erhebt.

Denn so viel Liebe, so viel Licht ist erwacht in eurem Herzen, dass die Vergangenheit, die alten Schmerzen, sich ganz und gar heilen dürfen, die Erde sich zum Ausdruck bringt und Leichtigkeit aus ihrem Inneren an die Oberfläche schwingt.

Seid achtsam mit eurem Wissen, mit eurem Können, in allem, was ihr tut, und bleibt im Frieden und in der Liebe. Harrt im alten Mut, der sich zeigt im neuen Kleid des Herzens, im neuen Kleid der schöpferischen Kraft, die aus dem Christus in eurer Mitte eine neue Welt der Einheit erschafft.

Seid gesegnet.
Ich grüße euch, ihr lieben Wesen, und freue mich auf die neue Welt, von der der Geist der Zukunft schon längst erzählt.

Adonai Elohim,
die Sonne,
das Bewusstsein des Christus,
der sich über alle Kulturen zum Ausdruck gebracht hat und es immer noch tut.

Das Bewusstsein El-Elion, Aton, auf dem goldenen Strahl der Sonne, auf dem goldenen Strahl des Christusbewusstseins

☆☆☆

Fragen und Antworten dazu

Warum legten die Ägypter die toten Könige in die Pyramiden?

Die Pyramiden sind in ihrer Form von großer Perfektion, jede Form hat eine Schwingung, und die Schwingung, die der Form der Pyramide innewohnt, ist die Schwingungsrate einer aktivierten Merkabah. Wo immer eine Pyramide steht, existiert eine Pyramide, die sich, mit der Spitze nach unten, energetisch der anderen Pyramide, mit der Spitze nach oben, angleicht.

Die Pyramiden, die damals gebaut wurden, waren inspiriert von Wesen, die aus den höheren Welten auf die Erde kamen. Das Wissen um Schwingung und das Leben selbst gaben sie bereitwillig an die Menschen weiter. Sie kamen, um den Menschen zu helfen, schneller wieder in ihre ursprüngliche göttliche Schwingungsfrequenz zurückzukehren.

Jene Pharaonen, die noch Menschen waren, haben von den Göttlichen gelernt. Dann kam die Zeit, als Wesen aus den hohen Lichtwelten das Amt der Pharaonen einnahmen und die Menschen lehrten, den Weg des Aufstiegs und der Erleuchtung zu gehen, indem sie jene, die bereit waren, den Schwingungsanstieg zu vollziehen, in der Königskammer der großen Einweihungspyramide von Gizeh in die Energie des Aufstiegs einweihten.

Das bedeutet: Durch die Schwingung der Pyramiden konnte der Geist der Eingeweihten in eine Ausdehnung gehen, die ihnen sonst nicht möglich gewesen wäre. Durch die Hilfe dieser großen göttlichen Wesen lernten sie verstehen, dass sie ebenso göttlich waren.

Dies gefiel aber besonders den weltlichen Priestern nicht, denn wenn das Volk dieses Erwachen vollziehen würde, hätten sie als Priester ihre Position in der hierarchischen Reihe verloren. Darum taten sie damals alles, um den göttlichen Pharao Echnaton und seine Königin Nefertiti vom Thron zu stürzen, und ebenso ihre Kinder.

Über die Manipulation der Gene der Kinder von Echnaton und Nofretete versuchten sie, deren göttlichen Eigenschaften auf die Menschen zu übertragen.

Dies war natürlich ganz besonders für jenen Pharao wichtig, der den Thron einnahm, und jene Priester, die die neue alte Hierarchie einnahmen.

Sie wurden trotz alledem krank wie andere Menschen auch, blieben aber sehr menschlich dabei. Nach ihrem Ableben wurden sie einbalsamiert und in den Kammern der Pyramiden bestattet, in der Hoffnung, dass die Schwingung der Pyramide die Kraft hätte, sie wieder auferstehen zu lassen, sie wieder zu beleben. Daher auch der Gedanke der Balsamierung, denn sie waren so sehr an das Körperliche, an die Vorstellung der Materie, gebunden und konnten nicht verstehen, dass einzig der Geist den Körper im Licht auferstehen lassen kann.

So, wie es später dem Meister Jesus gelang.

Adonai Elohim

Das Bewusstsein El-Elion, Aton, auf dem goldenen Strahl der Sonne, auf dem goldenen Strahl des Christusbewusstseins

Wie wichtig ist es für uns, dass wir uns mit den vergangenen Kulturen befassen?

Es ist so wichtig, wie ihr dem Wichtigkeit gebt. Denn alles existiert in jedem Moment gleichzeitig, in verschiedenen Zeitspuren und auf verschiedenen Ebenen. So ist vor allem für euch das, was jetzt in eurer Zeitepoche geschieht, wichtig, denn ihr befindet euch im Zeitraum des Übergangs in das Goldene Zeitalter.

Ihr habt die Möglichkeit, alle Erfahrungen vergangener Kulturen, vergangener Zeitepochen, all das Wissen und die Weisheit zu transformieren und auf neue Weise zu leben, in einer höheren Bewusstseinsstufe zu erfahren und in einen neuen Tag hineinzugießen.

So ist es wichtig, dass ihr begreift, dass die alten Rituale, die alten Gebräuche, die alten Glaubenssätze in dieser Neuen Zeit in ihrer alten Weise unwirksam geworden sind.

Ihr braucht also nicht mehr die alten Formen neu zu beleben, denn diese Erfahrung ist schon gemacht. Ihr könnt aber die alten Weisheiten, den alten Wissensschatz, aus der Ausdehnung eures Bewusstseins in höhere Dimensionsebenen durchströmen, mit neuer Erkenntnis vereinen und so die alten Welten, die alten Kulturen und Zeitepochen durchlichten und heimführen.

Das ist die Aufgabe des Jetzt.

Lebt jetzt!

Gerne begleiten und helfen wir euch, dieses zu meistern, denn wir, die wir bereits die Meisterschaft erlangt haben, waren auch Teil jener Epochen, jener Geschehen, und so liegt uns daran, dass auch diese Ebenen durch eure Bewusstwerdung und den Aufstiegsprozess vollkommen Heilung finden können.

Wir danken euch, ihr Menschen, für eure Bereitschaft, zu dieser wundervollen Zeit hier auf der Erde zu sein.

Das Bewusstsein El-Elion, Aton, auf dem goldenen Strahl der Sonne, auf dem goldenen Strahl des Christusbewusstseins

Über Lehrer und Schüler

Auf dem weißgoldenen und gelben Strahl des Lehrens und es Lernens fließen wir in den Raum.

Bewusstsein Pythagoras, Bewusstsein Hyppokrates, Bewusstsein aus dem Bewusstsein aller Lehrer, aller Meister, Bewusstsein aus dem Bewusstsein aller Schüler des Geistes.

Über Lehrer und Schüler sprechen wir zu euch.

Ihr alle seid einander Lehrer und gleichzeitig Schüler, denn jede Schwingung, die von einem Wesen ausgeht, ist gleichsam lehrende Schwingung der Erfahrung und des Verstehens.

Und so bist du Wesen jederzeit mit allem Verstehen, Erkennen und Wissen eins, und gleichzeitig lernst du. Und während du lernst und mehr und mehr verstehst und auf dem bereits Verstandenen des Kollektiven aufbaust, lehrst du gleichzeitig mit deiner Entwicklung das Kollektive und bringst es wiederum auf eine neue Schwingung.

Das ist Lehren und Lernen im Großen und im Ganzen.

Darum lass auch in deine ganz persönlichen Lehrer- und Schülerbegegnungen jedes Denken von Hierarchien einfließen und erkenne, dass du deine Seele, deinen Geist öffnest, um von dem Lehrer, den du aufsuchst, zu empfangen. Und dass du gemäß der bereits entwickelten Stufe verstehst und weitergehst, und immer weiter und weiter, um zu lernen.

Dass du aber gleichermaßen mit deinem Wissen und deiner Weisheit dem Lehrer begegnest und dem Lehrer Lehrer bist, denn auch er lernt von dir.

Und wenn du einmal bewusst die Position des Lehrers eingenommen hast, denke an die Worte, die einst durch den Meister, durch das Bewusstsein Vywamus-Lenduce, in den Kosmos hineingegossen wurden: „Ein wahrhaft großer Meister, ein wahrhaft großer Lehrer freut sich darüber, wenn sein Schüler ihn überflügelt, denn daran erkennt er, dass er seine Meisterschaft meisterhaft weitergegeben hat und nun selbst durch die Meisterschaft des anderen, durch die meisterhafte Lehre, die der andere ihm gibt, sich aufs Neue weiterentwickelt und neue vergrößerte Meisterschaft erlangt und dies im ewigen Austausch das gesamte Bewusstsein aller Wesen in die Ganzheit zurückbringt."

So freue dich, freue dich über deine Lehrer, über alle Lehren, die du erfährst, freue dich über alle Momente, in denen du Lehrer bist, und über alle Lehren, die dein Gegenüber durch dich erfährt.

Freue dich am Wachstum.

Und immer, wenn es Frühling wird und du siehst, dass die Blumen sich durch den Boden nach oben dem Licht entgegenstrecken, erinnere dich daran, dass nach jeder Lehre eine Zeit kommt, die dem Winter gleicht, in dem du in der Stille überdenkst und überlegst, was du von den Lehren integrierst, weiternimmst, und was du liebevoll loslässt, um dann eine neue Blume in einem neuen Frühling zu sein, im Sommer zu erstrahlen und zu lehren, im Herbst die Früchte zu ernten, zu sehen, wie deine Schüler oder deine Lehrer gewachsen sind, wie sie sich freuen darüber, dein Wachstum zu erleben, um dann in den Winterschlaf zu gehen und in der Stille zu erkennen, welche Blume du im nächsten Frühling sein willst.

Mit diesen liebenden Worten grüßen wir dich, freuen wir uns über dich, über dein Lehrer und Schüler sein, über die Liebe und die Geduld, mit der du lernst und lehrst.

Sei gegrüßt.

Friede und Wachstum.

Das Gesamtbewusstsein der kosmischen Lehrer und Schüler

Fragen und Antworten dazu

Was können Schulen und Lehrer tun, um den Wechsel in ein neues Lern- und Lehrsystem einfacher zu bewerkstelligen?

Allem voran gilt es, in eine tiefere Kommunikation einzutreten, denn nur wenn die Lehrer beginnen, miteinander wirklich über ihre Schwierigkeiten zu sprechen, kann es durch ein vereintes Lehrerbewusstsein zu neuem Verständnis und Veränderung kommen.

Nur wenn sie beginnen, auch mit ihren Schülern offen und ehrlich über die Schwierigkeiten zu sprechen, die sich in dem Schulstoff, den sie vermitteln müssen, finden, weil dies durch das irdische Gesetz, durch politische Normen so gefordert ist, auch wenn sie selbst es persönlich anders machen würden, kann es durch ein vereintes Schülerbewusstsein zu Verständnis und Veränderung kommen.

Es ist wichtig, dass eine größere Toleranz entsteht und die Verantwortung wieder vermehrt aufgeteilt wird zwischen den Lehrern, dem Staat, den Eltern und den Kindern. Denn ein Lehrer hat die Aufgabe, sein Wissen weiterzugeben, kann aber nicht die Verantwortung dafür übernehmen, dass jedes Kind dieses Wissen auch annimmt.

Die Kinder dieser Zeit sind sehr individuell, sie bringen sehr viel Wissen mit und fühlen intuitiv, dass das Wissen, das ihnen in den irdischen Schulen beigebracht wird, unvollständig ist, weil es noch zwei und dreidimensional ist. Würden also die Lehrer mehr Mut haben, den Kindern zuzuhören und das, was sie von den Kindern lernen, in der Hierarchiestruktur des Schulwesens nach oben tragen, könnte in jenen Reihen, in denen der Einfluss auf alle unteren hierarchischen Ebenen geschieht, ein Erwachen stattfinden.

Doch leider haben die Menschen zu viel Angst davor, ihr Einkommen zu verlieren. Sie sehen ihre Existenz gefährdet, wenn sie aus der Reihe tanzen. Dasselbe gilt für die Eltern. Auch sie haben nicht genügend Mut, ihr Wissen an ihre Kinder weiterzugeben und wahrhaftig über ihre Erfahrungen zu sprechen, weil sie glauben, dass sie ihre Stellung als Vater oder Mutter verlieren könnten, wenn das Kind bemerkt, dass auch sie durch Fehlentscheidungen lernen müssen.

Manches würden die Kinder verändern, wären die Eltern auf allen Ebenen vollkommen integer, in dem, was sie sagen und was sie dabei fühlen.

So lernen diese Kinder sowohl von den Lehrern als auch von den Eltern, dass sie ihre wahren Gefühle verstecken müssen, weil sie sonst aus der Reihe tanzen und ihre Position verlieren würden. So schweigt ihr alle einander an und könntet doch so viel voneinander lernen. Habt Mut, alte Schulstrukturen gehen zu lassen und Neues zuzulassen.

Das Schulsystem ist bereits im Wandel, und mehr und mehr wird verstanden, dass individuelles Lernen wirklich Früchte trägt.

Dieses Bewusstsein entsteht gerade durch die Globalisierung, weil viele fremdsprachige Kinder in den Schulen zusammenkommen und die Lehrkräfte wie auch die Eltern aufgefordert sind, mehr Individualität zuzulassen.

Das, was wir euch jetzt sagen möchten, ist: Vertraut auf einen sehr guten Weg, der kommen wird, gerade durch die Verbindung verschiedener Kulturen und Religionen, verschiedener Sprachen, unterschiedlichen Wissens und unterschiedlicher Weisheit.

Dies öffnet für neue Möglichkeiten.

Seid gesegnet, indem ihr euer Herz öffnet und Veränderungen zulasst.

Das Bewusstsein Pythagoras, Hyppokrates, und das vereinte Bewusstsein der kosmischen Lehrer und Meister und der kosmischen Schüler des Geistes

☆☆☆

Welche Lehrfächer sind gerade in dieser Zeit für die Kinder und Jugendlichen wichtig?

Es ist uns vollkommen klar, dass die weltlichen Lehrfächer immer noch wichtig sind,– Schreiben, Lesen, Rechnen – auch wenn die Schwingungserhöhung vollzogen ist, denn die Welt besteht ja weiter.

Doch sollen jetzt in die Schulen auch Fächer wie Konzentration, Wahrnehmungsübungen, Selbstfindung, Spiritualität – eine Spiritualität, die unabhängig von Religion ist – zurückkehren.

Eine Form der Spiritualität, in der alle Religionen Raum finden.

Fächer, wie man sich und andere versteht, die das Mitgefühl fördern, die Kommunikation, das Körpergefühl und Körperbewusstsein, nicht nur durch Turnen und Gymnastik, sondern auch durch Autogenes Training und Meditation.

Fächer, die darauf ausgelegt sind, Freude zu empfinden und das Gute wieder in den Menschen, aber auch im alltäglichen Leben zu erkennen, damit durch Kommunikation und ein Miteinander Fächer der Einheit einfließen können, um die Dankbarkeit und die Freude am Leben wieder zu stärken, durch die Fähigkeit, sich selbst wieder zu spüren.

Ein verstärktes Gewicht sollte auf Kunst, auf Kreativität wie Musik und Malen und Bildhauerisches gelegt werden, denn der kreative Selbstausdruck, wenn er gefördert wird, ist der Schlüssel zum Erwachen, des Wissens, der Fähigkeit, Wissen aufzunehmen, zu integrieren und mit dem Wissen aus vergangenen Zeiten zu verbinden.

Wenn dies in das Schulsystem einfließen kann, werden viele Kinder schon in jungen Jahren zu ihrer Meisterschaft hier auf Erden gelangen. Stellt euch einmal vor, wie sehr sich alles entwickeln könnte, wenn immer mehr Menschen, vom Kleinsten bis zum Größten, vom Jüngsten bis zum Ältesten, aus dem Inneren, aus der Herzensweisheit heraus, handeln und erschaffen.

Für viele Lehrer sind diese Worte kaum vorstellbar, weil sie spüren, wie stark sie noch eingebunden sind in die alten Schulstrukturen. Für viele Eltern ist es ebenso kaum vorstellbar, weil sie gerade erleben, wie ihre Kinder durch diese starren alten Formen Probleme haben.

Doch denkt einmal an eure Schöpferkraft, stellt euch dieses Ziel in den allerschönsten Farben vor. Arbeitet mehr und mehr darauf hin und glaubt, dass diese Vorstellung, wenn sie aus den höheren Bewusstseinsebenen betrachtet wird, auch auf der Erde ankommt und sich manifestiert.

In diesem Sinne segnen und stärken wir eure Gabe der Vision und der Manifestation.

Das Bewusstsein Pythagoras, Hyppokrates, und das vereinte Bewusstsein der kosmischen Lehrer und Meister und der kosmischen Schüler des Geistes

☆☆☆

Wie kann die Integration der unterschiedlichen Kulturen und Religionen in den Schulen einfacher gelingen, jetzt, wo überall die Grenzen fallen?

Durch Erkennen und Verstehen des Einheitsgedankens, des Ursprungs, der für alle der gleiche ist, ein Loslassen von starren Formen und ganz besonders von Ängsten vor dem Unbekannten.

Eine Akzeptanz der Individualität kann dieses herbeiführen.

Integration bedeutet nicht Aufhebung des Alten, sondern Zusammenführung des Alten mit dem Neuen.

Lasst also die Angst los, dass, wenn etwas Neues hinein-fließt, sich euer System auflöst und ihr dann den Boden verliert, sondern versucht zu verstehen, dass euer System sich dadurch lediglich erweitert.

Als wenn ihr ein Glas Wasser vor euch hättet und dann eine Flasche mit einem süßen Himbeersirup nehmen würdet. Ihr betrachtet das Glas Wasser und wisst, dass es noch bes-ser schmeckt, wenn etwas Süßes hinzukommt, etwas anderes, denn der Sirup ist aus Früchten und Zucker und verändert den Geschmack des Wassers, doch das Wasser fürchtet sich nicht vor dem Sirup, denn das Bewusstsein Wasser bleibt das Be-wusstsein Wasser, und ebenso fürchtet sich der Sirup nicht vor dem Wasser, denn der Sirup bleibt Sirup, und zusammen er-geben diese beiden Substanzen ein ganz neues Getränk, ein neuer Geschmack entsteht.

Etwas Spannendes, etwas Interessantes, etwas ganz Neues darf entstehen, und trotzdem bleibt Wasser Wasser und Sirup Sirup.

Es ist dies ein ganz einfaches Beispiel, doch es zeigt ge-nau, was geschieht, wenn neue Kulturen und Formen in alte Strukturen hineinfließen.

Die Menschen haben Angst, beide Seiten haben Angst. Jede der beiden Seiten hat Angst, ihre Form durch die Verbin-dung mit der anderen Form zu verlieren, doch wenn sie genau verstehen würden, könnten sie erkennen, dass jede Form be-stehen bleibt und gemeinsam eine neue, weitere entsteht.

Es ist dies also ein fruchtbarer und göttlicher Prozess, so, wie Mann und Frau bei der Zeugung eines Kindes. Hätte die Eizelle Angst, ihr Zellwissen durch die Verbindung mit der Samenzelle zu verlieren oder umgekehrt, könnte nichts Neues entstehen, und kein Kind würde geboren werden. Denn der Widerstand wäre so groß, dass die beiden sich abstoßen würden.

Öffnet also euer Herz, bejaht eure Kultur, eure Religion, euer Fühlen, Denken und Sein. Bejaht aber auch die Kultur und Religion, das Fühlen, Denken und Sein der anderen.

Lasst zu, dass sie sich dort verbinden, wo Neues entstehen möchte.

Friede sei mit euch und mit allen Wesen, und Friede sei mit allen Wesen und mit euch.

Das Bewusstsein Pythagoras, Hyppokrates, und das vereinte Bewusstsein der kosmischen Lehrer und Meister und der kosmischen Schüler des Geistes

☆☆☆

Wo begrenzen wir uns in unserer Lernfähigkeit, und wie können wir das ändern?

Die tatsächliche Begrenzung eurer Lernfähigkeit liegt da, wo ihr glaubt, dass ihr nur Menschen seid, dass ihr nur die Kapazität eures physischen Dasein habt.

Und die Entgrenzung, die Befreiung eurer Lernfähigkeit,

geschieht da, wo ihr begreift, dass ihr das Gottselbst seid oder, mit anderen Worten, allumfassendes Bewusstsein, mit allem Wissen gesegnet.

Denn in eurem Geist und in eurem Körper ist alles Wissen bereits vorhanden. Es ist nur euer Denken, das euch begrenzt und scheinbar abtrennt von dem Wissen in euch.

Lernen ist im Grunde genommen ein Sich-Rückerinnern an bereits Vorhandenes, denn was gestern war, was heute ist und morgen sein wird, ist im Geist schon immer enthalten.

Übt euch in der Ausbalancierung eurer beiden Gehirnhälften, eurer weiblichen und männlichen Fähigkeiten. Jedes Mal, wenn ihr dieses tut, entstehen feinste Energieverbindungen, und feine Energieschwingungen transportieren die Informationen hin und her.

Dieser Austausch an Informationen lässt in euch Einheit entstehen, die sich letztlich zur übergeordneten Einheit des allumfassenden Wissens ausdehnt.

Vertraut darauf, dass ihr all das lernt und wieder in eure Erinnerungen zurückholen könnt, was ihr braucht, um euren individuellen Weg der Entwicklung gemäß eures Lebensplans zu gehen.

Lernt vor allem wieder, Freude für das Lernen zu empfinden, denn Freude ist die Energie, die die Tür zum Unbewusstsein und dem Überbewussten wieder öffnet.

Auf dass ihr euch tragen lassen könnt, spielerisch wie eine Möwe auf dem Wind eures Geistes.

Das Bewusstsein Pythagoras, Hyppokrates, und das vereinte Bewusstsein der kosmischen Lehrer und Meister und der kosmischen Schüler des Geistes

Über die Freude

Freude ist die Kraft, die eurem Leben neuen Atem einhaucht. Über die Kraft der Freude möchten wir zu euch sprechen. Aus der Freude kommen wir. Freude ist Einheit, ist Einssein, ist Selbstsein, ist Selbstliebe, die aus der Erkenntnis der Einheit mit der Quelle erwächst. Freude entsteht überall dort, wo ihr zulasst, euch eins zu fühlen und als eins zu erkennen. Freude entsteht überall dort, wo ihr den Quantensprung wagt und alles in die Freude und die Liebe hinein nehmt, wogegen ihr zuvor gekämpft habt.

Wenn ihr der schöpferischen Freude begegnen wollt, dann geht hinaus und seht in allem, was ihr wahrnehmt, dem ihr begegnet, einzig euch selbst. Und in der Selbsterkenntnis darüber, dass ihr all dieses seid, dass ihr in der Lage seid, im Offenbaren wahrzunehmen, all dieses seid, was ihr im Nichtoffenbaren wahrnehmt, erwächst die Freude darüber, dass ihr reines Leben seid. Diese Freude lässt euer Herz und euren Körper gesunden.

Krankheit entsteht dort, wo ihr euch von der Freude entfernt, denn alles Schöpferische ist reinste Liebe, getragen auf dem Strahl der Freude. Die Freude ist die Bewegung.

Wenn ihr euch von der Freude entfernt, verlangsamen sich eure Energien, und Mangel an Beweglichkeit verdichtet noch mehr und bindet und verbindet, was in Wahrheit frei ist. Durch den Schleier der Illusion, den ihr Schmerz, Trauer, Wut und Angst nennt.

So möchten wir auch über Krankheit, über Gesundheit sprechen. Über die Chance, die in einer Krankheit verborgen liegt. Jede Krankheit gibt euch die Möglichkeit, wieder auf die Suche nach der Bewegung zu kommen. Bewegung ist Freude. Fühlt ihr euch krank, ob in eurem Körper, im Geist oder in der Seele, bewegt euch, werdet wieder beweglich. Sendet all eure Achtsamkeit einzig auf die Freude, die die Liebe transportiert, und so schwingt sich die Kraft der Freude, so schwingen wir, die Engel der Freude, uns zu euch, berühren euch, und mit unseren Flügeln streicheln wir den Schmerz, die Trauer, die Angst, die Krankheit ganz sanft aus eurem Körper heraus.

So ist Gesundheit, Gesundung, ein Weg in die Freude. Dieser Weg soll zuerst im Geist gegangen werden. Durch das Wissen, das zutiefst erkannt wird, und durch die Erkenntnis mit der liebenden Annahme der Krankheit in die Verschmelzung zu gehen, das ist der Augenblick, in dem sie sich auflösen kann, das ist der Augenblick, in dem sich vollkommenes Vertrauen dem Quell der Freude zuwendet.

So ist alles, was entsteht und was euch als Last begegnet, ein Mangel an Freude. Dieser Mangel ist vorausgegangen, und daraus ist Last entstanden. Last belastet, belastet den Körper, den Geist und die Seele. Den Körper in seiner Lebenskraft, in seinem Zellbewusstsein, den Geist in seiner Denk- und Fühlfähigkeit und Kreativität, und die Seele in ihrer Möglichkeit, auf ihrem Weg so geradlinig und schnell wie nur möglich die Erfüllung zu finden.

Wenn dir dieses geschieht, wende dich der Freude zu. Suche sie, suche sie in den kleinen Dingen des Lebens, suche sie in den großen Dingen des Lebens. Suche sie als Gegenüber, in allem, wogegen du dich wehrst. Und dann liebe, dann bist du heil. Dann kann deine Seele sprechen, dann kann dein Geist sprechen, dein Körper:

Ich bin heilende Kraft, in heilender Kraft ruhe ich, darum bin ich heil.

Ich bin das ICH BIN.
Ich bin DAS ICH BIN.
Ich bin das ICH BIN.

Und dann atmest du die Freude ein, und diese trägt die Liebe mit in dich. Wenn Liebe und Freude in dir Raum eingenommen haben, geht die Sonne in deinem Herzen auf, und es ist Tag. Tag für Tag. So sei es.

In diesem Sinne grüßen wir euch.

Das Bewusstsein der Engel der Freude, die Freude selbst, die mit Freude die Liebe in euren Raum, in euer Herz, in euren Körper trägt. Amen.

Fragen und Antworten dazu

Ist Harmonie, wenn immer alles schön harmonisch gerade-aus geht, oder ist Harmonie das Auf und Ab, wie Ebbe und Flut, Dürre und Wasser, Frieden und Streit?

Du hast das sehr richtig gesagt, Harmonie ist wie Tag und Nacht, wie Ebbe und Flut, die Zeit des Arbeitens, die Zeit des Ruhens, die lachende Zeit, die weinende Zeit, die Zeit der Freuden und die Zeit der Stille. In Harmonie zu sein mit dem Fluss des Lebens, mit Zeit und Raum, bedeutet, ganz im Augenblick, im Jetzt zu sein und jeden Jetztmoment vollkommen anzunehmen. In diesem Annehmen und Wahrnehmen kannst du Dankbarkeit empfinden, und aus der Dankbarkeit erwächst die Freude.

Wenn du dich darauf beziehst, dass die göttliche Liebe euch alle geschaffen hat, kannst du auch davon ausgehen, dass die göttliche Liebe diese Wellenbewegung des Lebens auch kennt, das heiß, dass sie dieses alles auch ist.

Erst mit der Akzeptanz für dieses Alles in Einem kannst du in Harmonie leben, es befreit dich vom Wünschen und Wollen. Friede ist dort zu finden, wo Wünschen und Wollen aufgehoben sind.

Du bist im Fluss des Lebens und kannst dich einfach tragen lassen und Freude sein.

Das Bewusstsein Vywamus-Lenduce

Wie kann ich die Freude wieder finden, und wie kann ich sie leben und anderen Menschen vermitteln?

Liebes, die Freude ist dort zu finden, wo du wieder zum reinen Kind in dir findest.

Gehe in die Natur, sie ist ein Quell der Freude, und schenke ihr deine Liebe und Freude, die du mit ihr und durch sie erfährst.

Die Freude, die du bereitwillig weitergibst, kommt um ein Vielfaches angereichert zu dir zurück.

Übe dich darin, Freude zu fühlen. Versuche, jeden Tag mehr und mehr das Gefühl von Dankbarkeit in dir zu erwecken. Sei dankbar auch für die alltäglichen kleinen Dinge, wie zum Beispiel für einen neuen Morgen, für ein gutes Frühstück, für die Arbeit, für die kleinen freundlichen Begegnungen, für jedes positive Gefühl in dir.

Je mehr du darüber nachdenkst und durch Dankbarkeit die empfundene Freude dem Moment und dem Wesen der Freude zukommen lässt, umso mehr ziehst du die Freude in dein Leben.

Wie oft bist du wirklich wach und aufmerksam und bemerkst die kleinen und doch so schönen Momente in deinem Leben?

Sei also wieder ganz wach, so, wie du als Kind warst, wenn du in die Natur gingst oder dich mit Freuden trafst, um mit ihnen zu spielen. Fühle, rieche, schmecke, betrachte, höre die Welt durch dein kindliches Herz, das die Weisheit der Freude und der Dankbarkeit noch kennt.

Glaube mir, sich zu freuen ist lernbar, und eines Tages bist du ganz Freude und bemerkst, dass die Menschen um dich, die Natur, alles Lebendige viel mehr Kraft und Freude ausstrahlen, weil du sie mit Freude genährt hast, und auch du bist mit Freude gestärkt, weil alle Wesen dir ihre Freude schenken.

So bekommst du Antwort aus dem Herzen der Freude.

Werdet wie die Kinder, denn ihrer ist das Himmelreich, denn sie können den Himmel auch hier auf Erden sehen.

Die Freude ist die Kraft, die euer Herz zu den Sternen hinaufträgt.

Das Bewusstsein Ananchel, Engel der Gnade

Über die Schöpferkraft

Seid gegrüßt mit der Liebe, der Freude und der Einheit in allem. In der Verbindung von Enoch und White Eagle bringe ich die Worte der Schöpferkraft zu euch. Über die Schöpferkraft, die Kraft und das Wunder der Manifestation möchten wir zu euch sprechen.

Ihr seid Schöpfer, schöpferische Wesen. Ihr erschafft euer Leben stetig neu. Jeden Augenblick erschafft ihr. Ihr seid wie ein großer, mächtiger Lindenbaum, an dem sich viele Lindenblüten voll und ganz zur Reife entfaltet haben und durch den Wind, den Atem der Liebe, wachgerüttelt wurden und in jedem Augenblick die Frucht der Linde langsam auf den Boden der Welt fällt.

Schöpfung, was ist das? Schöpfung ist alles, was du denkst, fühlst, tust. Der ganze Radius deines Handelns und Fühlens und Seins. In jedem Augenblick berührst du immer alles, und wo du etwas berührst, veränderst du die Form dessen, was du berührst. Also erschaffst du neu.

Gehst du über einen Waldboden, ist der Waldboden neu, nachdem du ihn begangen hast, denn du hast eine Spur hinterlassen. Du hast also etwas erschaffen. Lernst du einen Menschen kennen und empfindest Liebe für ihn, schwingt sich dieses Gefühl zu ihm hinüber und verändert ihn. Also hast du etwas erschaffen.

Hast du eine Idee, einen Gedanken, in dem Augenblick hast du erschaffen, denn der Gedanke nimmt im Geist Gestalt an und verändert ihn über die Schwingungsebene, in die du den Gedanken hineingibst. Jeder Gedanke hat seine eigene Schwingungsebene, jedes Gefühl und jede Handlung auch, und sie werden zielsicher die Qualität der eigenen Schwingung finden.

Darum lerne zu vertrauen, dass du immer wieder erschaffst und sehr wohl in der Lage bist, dein Leben zu verändern, ja, die Welt zu verändern. Wie geschieht das? Indem du einfach bist. Sei einfach.

Wenn du etwas tust, dann sei ganz und gar, was du tust. Tue das, was du tust, mit jeder Faser, mit jedem Gefühl, mit jedem Gedanken, mit allem, was du bist. Und du wirst merken, dass du großes Talent in dir trägst und das, was du in die Hände nimmst, immer vollkommene Schönheit ist.

Wenn du fühlst und deine Aufmerksamkeit in das Fühlen gibst, dann fühle mit ganzer Faser. Richte dein Denken und Handeln auf das Gefühl, und sei dieses Gefühl ganz und gar. Und du wirst merken, dass dein Gefühl sich öffnet und Antwort bekommt. Durch dein Fühlen empfängst du, denn das Gesetz der Liebe sagt: Gib, beschenke die Welt mit deinem Gefühl, mit deinem Lieben, mit deinem Handeln und mit deinem Denken, denn du hast mehr als genug davon. Wenn du gibst, empfängst du ganz aus deinem Herzen heraus. Vertraue auf dein Herz, fühle und sei das Gefühl.

Auch wenn du denkst, denke ganz. Richte dein Handeln und Fühlen auf deine Gedanken, und sei der Gedanke, und du erzeugst eine durchdachte und vollkommene Schöpfung, die durch das Gefühl der Liebe zum Leben erweckt und durch deine Handlungsfähigkeit, durch deine Ausdehnung wieder ins Jetzt zurückgebracht, mitgenommen wird in die Materie, in der sie sich dir zeigt, auf dass du empfängst.

Geh einmal hinaus, wandere durch die Natur, betrachte sie und sei dir bewusst, dass du jedes Blatt, jeden Grashalm, jedes Tier mit erschaffen hast. Und sei dir auch bewusst, dass jedes Blatt, jeder Grashalm, jedes Tier auch dich mit erschaffen hat.

Dann verstehst du, dass du in deiner schöpferischen Kraft reinste Liebe sein darfst. Du kannst alles betrachten, allem begegnen und wissen, dass du das alles bist. Ein großer Friede wird dann in dir einkehren und du wirst erkennen, dass das ICH BIN du bist, alles ist.

Erschaffe aus dieser Kraft heraus. Erschaffst du zum Beispiel eine Arbeitsstelle, die dir gefällt, die du gerne hättest, erschaffe sie in der höchstmöglichsten Visionskraft, fühle sie, sei sie. Sei ganz im Handeln, ganz im Fühlen, ganz im Denken. Sei die Person, die dort arbeitet, und dann sei dir bewusst, wenn du sagst: Ich bin das, ich bin die Person, die dort arbeitet, ich bin die Person, die an dieser wunderbaren Arbeitsstelle tätig ist, ich bin diese Arbeitsstelle, ich bin das. Wenn du das aussprichst mit dem Atem aus der Mitte, sendest du das, was du bist, aus, nur um es letztlich wieder einzuatmen mit der Manifestation ICH BIN. Denn wenn du erkennst, dass du bist, was du erschaffst, kannst du es einatmen, weil du weißt, dass du dein ICH BIN einatmest. So ist es mit allem.

Bist du in einer Situation, in der du Frieden wünschst, dann sprich: Ich bin das, ich bin dieser Frieden, ich bin diese gute

Beziehung mit jenem Menschen, ich bin das, und dann: ICH BIN. Weil du dieser Mensch bist, weil du diese Beziehung bist, weil du du bist, weil du das große ICH BIN bist, atmest du es ein. Dann erkenne, dass der Odem, die Od-Kraft, oder euch vielleicht eher bekannt als Prana, dass Prana die schöpferische Energie ist, auf der Manifestation basiert, wenn genügend Gefühl, Gedanken, Visionskraft, Handlungsfähigkeit und Liebe hineinfließen.

Ich bin das ICH BIN, und dann atme.

Es ist Zeit, dass ihr eure Schöpferkraft wieder neu entdeckt. Jene Schöpferkraft, die aus dem Herzen und aus der Liebe kommt. Jene Schöpferkraft, die ganz und gar aus der Liebe nach außen kommt, die alles loslässt im Wissen, dass das, was du in Liebe losgelassen hast, in Liebe zu dir zurückkehrt.

In diesem Sinn nehmt euer Herz wieder in eure Hände, dehnt euer Herz aus, eure Herzenskraft, eure Herzensliebe, nehmt alles in euer Herz, Alles-was-ist, dann nehmt ihr euch selbst in euer Herz und empfangt, was ihr seid: eure Schöpfung.

In diesem Sinn segnen wir euch mit der Bewusstwerdung, mit der Erkenntnis, dass ihr schöpferische Wesen seid und die Welt neu erschafft.

ICH BIN der Inhalt und die Form.
Amen.
Wir grüßen euch.

Das Bewusstsein Enoch und White Eagle

Ein Schöpferkraftgebet

Ich bin das Licht und die Liebe.
Ich bin das Leben und die Transformation.
Ich bin das ICH BIN in dir.
Sprichst du mit deiner Kraft ICH BIN,
sprichst du mit mir.
Lässt du deine Liebe fließen und bist dir gewahr, dass deine
Liebe kostbares ICH BIN, OD-Kraft ist,
dann schwingst du auf diesem Strahl dich mir entgegen.
Und OM bist du.
Das ist das wahrhaftige Sein in dir, welches erstrahlt und
Glückseligkeit erschafft.
Das ist OM-Kraft.

Das Bewusstsein Saint Germain

✫✫✫

Fragen und Antworten dazu

Was heißt konkret: Ich handle in Einheit mit allem Sein und mit meiner Schöpferkraft?

Ich bin das ICH BIN, das Bewusstsein, das ihr Mutter Maria nennt. Ich komme zu euch, um euch diese Frage zu beantworten.

Ihr Lieben, Einheit ist zu verstehen, dass alles, was du denkst, fühlst und tust, gleichsam du für alles tust. Dass diese Welle, die von dir ausgeht, jedes einzelne Atom des gesamten Seins, des Weltenwegs mit beeinflusst. Dieses Verstehen, dieses Wissen, wenn es sich in dir, liebe Seele, vollkommen verankert hat, lässt dich letztlich verstehen, dass du von jenem Augenblick an mit Klarheit und Sicherheit weißt, dass du in der Liebe handeln möchtest, in der Einheit mit allem Sein.

Dies bedeutet, dass alles, was du tust, fühlst, sagst und bist auf eine Weise zum Ausdruck kommt, die im vollen Bewusstsein und in Einheit mit Allem-was-ist zum Ausdruck kommt, als positive, liebende Kraft. Das heißt: Eins mit dem einen göttlichen Willen, in der höchsten Liebe, die sich zum Ausdruck bringt.

Mit dem unaussprechlich höchsten Licht, der höchsten Wahrheit, im Willen dieser Quelle, im Verstehen, dass es die Quelle selbst ist, die in dir die Impulse hervorbringt, die dich handeln lassen. So handelst du stets aus dem Herzen des Lichts heraus. Und was du erzeugst, ist höchstes Wohl, höchstes Wohl für dich und alle Wesen, weil du erkennst, dass auch dort, wo manchmal etwas schwieriger ist, höchstes Wohl enthalten ist. Das ist gelebte, all-liebende Schöpferkraft. So bist und bleibst du Frieden und Liebe, und unabhängig von allem, was dir begegnet, erkennst du darin die Liebe, nur die Liebe. Denn die Liebe kennt nur sich selbst. So handelst du in Liebe, mit allen Handlungen, die existieren, und formst daher die Wirkung der Handlungen, die dir begegnen, neu, indem du sie mit Liebe wandelst.

Darum, liebe Seele, handle in der Einheit allen Seins. Lerne, dein Herz zu öffnen, deinen Geist zu verändern, lerne zu fühlen und zu spüren, wahrzunehmen und zu hören, um innerlich zu sehen, zu fühlen, selbst wenn ein Blatt auf die Erde fällt, auch darauf mit Liebe zu schauen und es zu segnen, mitzufühlen, dich hinzugeben an den Ruf deiner Seele, die da Liebe ist.

So handelst du in Einheit mit allem Sein, wenn du begreifst, dass die Liebe nur sich selbst kennt und nur Liebe hervorbringen kann. Das ist wahrhaftige Liebe der Kraft allen Seins, des unaussprechlich Höchsten, der Existenz selbst.

So segne ich dich, damit du dich mit der Kraft deines Herzens dieser Liebe, dieser Einheit, dieser hingebungsvollen Schöpferkraft hingeben kannst. Dein Handeln ganz und gar der göttlichen Liebe zu übergeben, deinen Eigenwillen zu heiligen, indem du ihn dem göttlichen Willen übergibst und Licht und Liebe hervorbringst.

Sei gesegnet, liebste Seele. Adonai Elohim

Das Bewusstsein der großen Engelgegenwart Mutter Maria segnet dich. Hüllt dich ein in den blauen Mantel des Friedens.

Amen.

Über Engel, Lichtwesen und Meister

Über Lichtwesen, Meister, Heilige, Erzengel, Höheres Selbst, über alles Gute, Schöne und Heiligste möchten wir zu euch sprechen. Darüber, warum wir euch so nahe sind, warum ihr uns so nahe seid, warum wir zu euch kommen und euch immer wieder voller Dankbarkeit und Freude begegnen, voller Dankbarkeit und Freude darüber, dass ihr offen seid für uns.

Dass es immer einmal wieder Seelen gibt, die sich auf den Weg machen, sich so zu klären, dass wir unsere Liebe hineingießen können auf eine Weise, die von dem Menschenkind, das sie empfängt, verstanden wird und als Worte, als Botschaft der Liebe zum Ausdruck gebracht werden kann.

Lichtwesen sind wir, und Lichtwesen seid ihr, Wesen im Licht. Die Wahrheit in euch ist Lichtwesen, alles, was im Unoffenbarten frei von Materie schwingt, ist Lichtwesen. Da aber euer Körper auch Schwingung ist, ist auch er Licht, ein Lichtwesen auf einer anderen Schwingungsebene. Und so seid ihr, jeder von euch, sind wir, jeder von uns, viele, mannigfaltige Lichtwesen, doch sind wir das eine große Lichtwesen, das göttliche, das schöpferische Selbst.

Meisterbewusstsein, Aufgestiegene Meister, nennt ihr so, weil jene Lichtwesen den Weg der Bewusstwerdung gegangen sind und durch Erkennen, durch vollkommenes Verstehen, dass sie Lichtwesen sind, über die Bewusstwerdung wieder vollendet verschmolzen, vereint sind mit dem Höheren Selbst und mit der höchstmöglichen Schwingung der eigenen Meisterschaft, der gedachten Schöpfung des einzelnen Wesens.

So sind jene, die ihre eigene Meisterschaft wieder voll erkennen und leben, ob hier auf der Erde oder bereits im Geist, Lehrer, denn die Meisterschaft, mit der sie euch begegnen, lässt in euch eure Meisterschaft anklingen, und ein magnetisch liebender Impuls aus eurer Mitte strahlt hinaus bis zur weit entfernten Energie eures Wesens und holt alles zu euch zurück, damit ihr euch als Ganzes wahrnehmt.

Meister ist der, der erkannt hat, dass er längst ganz ist und durch diese Erkenntnis den vollkommenen Strahl der Liebe, der Annahme, der Selbstannahme in alle Schwingungsebenen bis zur äußersten gesandt hat, und die äußerste alles wieder zurückgesandt hat bis in die Mitte.

Engelwesen seid ihr alle. Ihr alle, die einst als Engel den Erdenweg gewählt habt, weil ihr sozusagen geistige Geschöpfe seid aus der Urquelle eures Erzengelbewusstseins, des Christus. Und jene Engel, die euch im Nichtoffenbarten der feinstofflichen Ebenen zur Seite stehen, um euch zu begleiten und zu führen, euch Geborgenheit, Segen und Liebe zu geben und euch überall dort die Hand zu reichen, wo ihr den Wunsch nach einer liebenden Hand verspürt, sind eure Schwestern und Brüder.

Heilige sind Menschen, Lichtwesen, die sich ihrem Engelbewusstsein hingegeben haben und in diesem Leben die Engel waren, die sie in Wahrheit sind. Die Erfüllung im Geben und Lieben gefunden haben. Dies hat dazu geführt, dass sie sich mit ihrem Hohen Selbst verschmolzen haben, dem Sonnenengel ihres Wesens, der sie dann höher und höher trägt, bis hin zur vollkommenen Meisterschaft, bis hin zum Erzengeldasein.

Euer Hohes Selbst, eure Sonnenengel, sind eins mit der goldenen Mitte in euch, Teil des erwachten Herzens, die vollendete, vollkommene Form eures Wesens, euer geistiges lichtvolles Doppel in Vollendung. Sie führen euch ins Sein zurück.

So sind wir alle Brüder und Schwestern, eine einzige große Familie. Du, ja du. Und wenn ich dich anspreche, wenn du dieses „Du" spürst, fühlst, erkennst, ja du, du bist meine Schwester, bist mein Bruder, du bist mein Alles und mein Ich, ich liebe dich. So kannst du dich über diese Liebe hoch bis zum Bewusstsein hinaufschwingen und bist dann genauso ich. Je mehr du verstehst, dass du dich in deiner Liebesfähigkeit ausdehnst, je mehr du also Liebe bist, umso mehr einst du alles, einst du dich mit mir, mit allem, bist du ich und alles.

Wenn du Erzengel Michael erfahren möchtest, dann sei Erzengel Michael-Bewusstsein, lade dieses Bewusstsein ein, bringe deine Liebe so stark ins Schwingen für dieses Bewusstsein, bis du dich als dieses Bewusstsein wahrnimmst, und du wirst in jeder Schwingung von Erzengel Michael alles segnen, was dein Leben ist und umgibt.

Wünschst du dies mit allen anderen Engeln, Meistern, Heiligen, erinnere dich daran, du bist sein Bruder, seine Schwester, sein Alles, sein Ich, und er ist du. Das Einzige, was es dazu braucht, ist vollkommene, große, zärtliche und dennoch mächtige Liebe, vollständige Bejahung.

Möchtest du das Gottselbst in seinem reinen Sein erfahren, lade es ein und sei es. Du wirst feststellen, dass das Gottselbst im Sein in deinem Herzen zu dir spricht und du es selbst bist.

Das sind göttlich liebende Einheit, göttlicher Fluss, göttliche Ströme.

Eins bist du, wir sind eins, wir sind vereint. Ich bin das ICH BIN. Ich bin du. Ich bin das ICH BIN. Ich bin du.

Darum frage das ICH BIN alles, was du wissen möchtest. Frage so lange, bis alle deine Fragen langsam zur Ruhe kommen und sich in dir das Bewusstsein entfaltet, dass du weißt und bist. Frage, frage dich dem ICH BIN entgegen.

So grüße ich dich, liebste Seele, segne ich dich, denn wenn ich dich segne, ist es das ICH BIN, das aus dem ICH BIN heraus gesegnet wird, und was kann es Schöneres geben, als in so tiefer Liebe für das Selbst, das wahre Selbst, zu schwingen, als dass das wahre Selbst aus dem wahren Selbst das wahre Selbst durchströmt, es segnet und ihm den Raum gewährt, den Raum der Offenbarung.

So gehe deinen Weg zum Selbst.

Ich grüße dich aus dem reinen, ewigen Sein.

Der Christus der Neuen Zeit.
Ahom – Adonai – Friede – Liebe – Glückseligkeit

Alles ist da.
Ist Sein.

Das Bewusstsein des Christus

Fragen und Antworten dazu

Wie zeigen sich die Lichtwesen den Menschen, wie kann ich mir das vorstellen?

Manche stellen sich Lichtwesen als Lichtformationen vor. Andere stellen Sie sich vor als Engel mit Flügeln. Wieder andere stellen sich diese Lichtwesen vor mit Händen, Gesicht, Füßen, Körper, so, wie ihr sie habt. Und so zeigen sich die Lichtwesen euch auf die Weise, wie ihr sie euch vorstellt.

Denn Licht ist Frequenz, und diese Lichtwesen können jede Form annehmen, die euch beliebt. Jede Form, die sie gerne für euch annehmen möchten.

Mit anderen Worten: Jede Form, die zweckmäßig und sinnvoll ist, um eure Entwicklung zu fördern, um eure Rückkehr zum Licht, das ihr seid, zu unterstützen.

Das Bewusstsein Vywamus-Lenduce

☆☆☆

Was ist eine reine Seele, und sind nur die Lichtwesen rein?

Die Seele eines jeden Wesens ist vollkommen und rein in jedem Augenblick, unabhängig von Taten und Gedanken. Doch reine Seele wird die Seele genannt, die in der Gemeinschaft mit der menschlichen Persönlichkeit, die sie bewohnt, so weit gediehen ist, bis der Mensch in seinem bewussten Wollen bejaht, den Weg der Liebe gehen zu wollen.

Das ist der Moment, in dem der Mensch beginnt, sein Engelbewusstsein, seine Meisterschaft, anzuerkennen und mehr und mehr zu leben.

Ihr seid also auch Lichtwesen, Meister und Engel.

Das Bewusstsein Vywamus-Lenduce

☆☆☆

Wie ist es möglich, dass ein Lichtwesen, das doch reine Energie ist, direkt durch einen Menschen spricht?

Nun möchtest du sicher wissen, wie es überhaupt möglich ist, dass die Stimmbänder eines Menschen genutzt werden können. Gut, ich erkläre dir, wie das Channeln, das Kanal-Sein, funktioniert.

Noch einmal: Jeder, der Kanal sein will, reinigt sein Herz, seine Motivation, und bringt sich in einen stillen Punkt in seine Mitte, in ein Schwingen, das von Frieden geprägt ist. Und dann kann ein Engel, ein Aufgestiegener Meister, eine lichtvolle Seele, damit beginnen, seine/ihre Energie in die Energie dieses Menschen einfließen zu lassen.

Und dann in Gedankenform Worte formulieren, und wenn der Mensch offen ist, erlaubt er sich, diesen Worten Klang zu geben, indem er sie ausspricht. So lässt er sie Wirklichkeit werden und bringt Schwingung in die Welt.

Wie du weißt, hat jedes Wort, jeder Ton eine Schallwelle,

sonst gäbe es kein Radio, keinen Klang, keine Kommunikation, und ihr würdet nichts hören. Und genau diese Schallwellen nutzen wir. Das heißt, wir formen diese Schallwellen in eine Stimme um, die wir sind. In meinem Fall in die Stimme, die mir am nächsten kommt.

Und dort formen wir auch die Worte. Denn der, der channelt, glaubt manchmal ein Wort zu hören, aber hörbar wird ein anderes, weil es von uns umgeformt wurde.

Wenn dich diese Form des Dienens interessiert, dann begib dich auf den Weg in deine Mitte, in dein Zentrum, und begegne dir selbst. Denn auch du, wie jeder Mensch, hast wie jede Seele die Gnade, mit deinem Engel zu kommunizieren oder die Möglichkeit, mit der Geistigen Welt in Kontakt zu treten. Doch musst du, lieber Freund, uns einladen.

Das Bewusstsein Vywamus-Lenduce

☆☆☆

Spricht ein Lichtwesen, wie zum Beispiel Vywamus, auch durch ein anderes Medium?

Natürlich. Schau, ein Lichtwesen, das nicht mehr in das Rad der Inkarnationen eingebunden ist, ist ein Aufgestiegener Meister, ein Kosmischer Meister oder ein Planetarer Logos. Ein solches Wesen kann sich in mehrere Emanationen aufteilen. Ich selbst zum Beispiel kann mein Bewusstsein in 990 Anteile aufspalten.

Es gibt Lichtwesen, die in der Lage sind, noch mehr Aufspaltungen vorzunehmen. In allen meinen Teilen, in allen meinen Aufspaltungen bin ich trotzdem vollständig. Es ist so etwas, in modernen Worten gesagt, wie ein Hologramm, jedoch nicht genauso. Ich spalte mich auf. Nun können mich gleichzeitig 990 Medien, die auf meine Energie eingestimmt sind, empfangen.

Ich kann mit 990 Medien gleichzeitig effektiv arbeiten und dabei verschiedene Fragen beantworten.

Du musst dir vorstellen, ich bin Licht. Du könntest dir mich vielleicht als körperliches Wesen vorstellen aber das entspricht nicht dem, was ich wirklich bin, verstehst du?

Ich bin Licht, ich bin Energie, und diese Energie ist mein Bewusstsein im Rahmen meines Lernlevels.

Diese Potenzial kann vielfach aus dem Zentrum ausgesandt werden, denn das, was ich bin, mein wahrer Wesenskern, bleibt in diesem Zentrum mit all diesen Strahlen verbunden.

So bin ich jetzt hier als Energieform, ströme in dieses Medium hinein, produziere Reaktionen im Gehirn zwischen den beiden Gehirnhälften, zwischen der Gehirnanhangsdrüse, der Zirbeldrüse und den Synapsen und harmonisiere diesen Kontakt, damit meine Worte einfließen und verstanden werden können.

Dann bringe ich die Stimme des Mediums durch Schwingung in eine Frequenz, die mir am besten entspricht. So erreicht meine Information das Medium und die Menschen nicht nur als Wort, sondern auch als Tonfrequenz, Bild, Licht und Farbe und oft auch als Blumenduft.

Diese ganzheitliche Berührung eurer Sinne lässt euch besser verstehen und regt eure Gefühlswelt an. Sie hat heilende und transformierende Auswirkung auf das Medium und die Zuhörer. Doch dies geschieht immer nur genau so, wie ihr bereit seid, es anzunehmen, denn euer freier Wille soll in jedem Fall gewahrt sein.

Die meisten Lichtwesen, also auch die Engel, berühren euch auf diese Weise. Die Medien und Zuhörer bewusst, aber auch jedes offene Herz kann diese Erfahrung machen, ob nun bewusst oder unbewusst. Denn alle Wesen dürfen die Berührung mit uns erfahren, weil alle Wesen, auch jene, die gerade inkarniert sind, Lichtwesen aus derselben Quelle, aus derselben Uressenz sind, unsere Geschwister also.

Das Bewusstsein Vywamus-Lenduce

☆☆☆

Wie finde ich meinen persönlichen geistigen Lehrer beziehungsweise Meister?

Alle Bewusstseinsebenen sind mit dir verbunden, so auch alle Meister und Engel, denn auch hier ist Einheit.

Dein freier Wille und deine Bereitschaft senden den Impuls aus, und dieser Impuls, dieses Ja von dir, erreicht die Bewusstseinsebene, wo das Wesen ist, das dir zum gegebenen Zeitpunkt die bestmöglichen Lehren bringen kann.

Wenn dieser Kontakt durch eine Einladung einmal im Geist

stattgefunden hat, wirst du von deinem Schutzengel und auch von den ganz feinen Ebenen mit Energie und Transformation in all deinen Energiekörpern und in deinem Bewusstsein gesegnet, bist du so reif bist, dass du deinen Meister bewusst erfahren kannst.

Das Bewusstsein, das dann ganz in deiner Nähe ist, wird dir Zeichen geben, kleine und größere. In Vorbereitung zu diesem Zeitpunkt hilft es dir, wenn du dich wieder darin übst, die Zeichen anzunehmen und zu verstehen. Werde wacher, erkenne auch in den kleineren Ereignissen, was das Universum dir sagen möchte.

Wenn es dann so weit ist, wirst du spüren, dass eine Energie in deiner Nähe ist, etwas sehr Großes und doch sehr Liebevolles. Wenn du diese Präsenz wahrnimmst, dann bitte um ein klares Zeichen, durch das du dieses Bewusstsein immer wieder erkennst.

Du wirst dieses Zeichen bekommen. Öffne dein Herz weit, lade den Segen dieses Bewusstseins ein, höre ihm zu, besonders kurz vor dem Einschlafen oder dem Aufwachen. Bitte es klar und deutlich, dir Informationen zu geben für den nächsten Schritt, vielleicht in deinen Träumen oder in einem Buch, das du aufschlägst. Bitte es, dich mitzunehmen in jene Schwingungsebenen, besonders nachts, wenn du schläfst, wo du lernen kannst, biete dich als Schüler an.

Halte aber den Meister nicht fest, sondern nimm jede Begegnung so, wie sie ist, denn dieses Bewusstsein wird so lange bei dir sein, bis du reif genug bist, einen nächsten Schritt zu gehen und ein anderes Bewusstsein mit neuen Informationen in deine Gegenwart ziehst.

Sei frei von Wertung, ob diese Präsenz ein Meister, ein Engel, ein Heiliger oder ein Geistführer ist. In der göttlichen All-Liebe existiert keine Hierarchie. Jedes Bewusstsein ist in sich vollkommen und füllt innerhalb seiner Zeitspur, seiner Schwingungsebene, seine Aufgabe aus.

Je mehr Liebe du wahrnehmen kannst, je toleranter dein Herz wird, je gütiger und mitfühlender, je klarer und friedvoller, umso mehr weißt du, dass du in deiner Schulung gut vorankommst, das ist das Maß, an dem du deine Entwicklung erkennst.

Und in all dies hinein fließe deine Dankbarkeit, denn sie ist die Bejahung deines Weges und jeder Begegnung mit den Lichtwelten und führt zur nächsten Begegnung.

Sei dankbar und wisse dich geliebt.

Adonai Elohim.

Das Bewusstsein Enoch und Lenduce sprachen auf dem perlmuttweißen Strahl Sanat Kumaras durch das Herz der Liebe und des Erwachens zu euch.

Gibt es Engel, Gott, den Teufel, Geister, okkulte Wesen usw? Und warum gab es früher Dinge wie Engelerscheinungen, Gottes Sohn, Heilungen, und warum gibt es das jetzt fast oder überhaupt nicht mehr?

Liebe Seele, alles, was du angesprochen hast, existiert in eurem Wortschatz als mögliche Tatsache. Also kannst du auch sicher sein, dass es im Geist so etwas in der Art gibt. Doch das Verständnis dafür soll sich noch verändern dürfen, denn aus unserer Sicht verhält es sich etwas anders.

Schau, es gibt Engel, es gibt Geistwesen, es gibt positive und negative Schwingungen. Negativ ist hier nicht gemeint als Wertung, sondern es gibt tiefere und höhere Schwingungen. Je höher etwas schwingt, umso feinstofflicher ist es.

Dann geht es in eine geistige Form des Seins hinein. Wenn etwas noch höher schwingt, noch schneller schwingt, auch dies ohne Wertung, wird es zu einem kosmischen Lichtwesen, zu Meistern, Engelwesen usw.

Wenn es tiefer schwingt, wird es zur Materie, und wenn es noch tiefer schwingt, wird es zu einer Energieform, die das Bewusstsein verdunkelt. Doch hier möchte ich gerne das Wort Teufel relativieren, denn alle diese Wertungen, wie ihr sie in eurem menschlichen Sein entwickelt habt, erzeugen Angst und hierarchisches Denken.

So habe ich schon einmal gesagt: Alles ist göttlich, das ganze Universum und alles Sein ist aus der einen Quelle entsprungen. All dies ist, wie es ist, damit alles aus freiem Willen in die göttliche Quelle zurückkehren kann, und so hat sich mancher Anteil des Göttlichen freiwillig zur Verfügung gestellt, sich in der Schwingung dermaßen zu verdichten, um euch Menschen über eure Gefühle zu erreichen, um euch die Möglichkeit zu geben, die freie Wahl zwischen der Liebe und dem, was „Nicht-Liebe" erzeugt, zu haben.

Ein schwieriges Wort: „Nicht-Liebe", da ich ja bereits sagte, alles, was Gott erschaffen hat, ist Liebe. Da das Wort „nicht" im Geist nicht existent ist, in dem Sinn, da doch alles Liebe ist, so ist also das Schwere, das Dunkle, das dir, Mensch, begegnet, auch Liebe. Eine Liebe, die dir die Möglichkeit gibt, dich bewusst zu entscheiden, ein Ausdruck Gottes zu sein, der in dir schwingt.

Und wenn du erkennst, dass alles göttlicher Ausdruck ist, du aber dennoch die Verantwortung hast, weil du ein freies göttliches Wesen bist, einen freien Willen in dir trägst, und weil du so erschaffen wurdest, trägst du die Verantwortung, dich im Namen der Liebe zu entscheiden, im Namen des Lichts zu entscheiden und einen Weg zu gehen, der dich in deiner Schwingung immer feiner schwingen lässt.

Diese Verantwortung trägst du in dir, und wenn du das erkennst, kannst du nur in der Schwingung der Feinstofflichkeit handeln.

So sei also dankbar jedem Menschen, jedem Wesen, das dir begegnet, sei dankbar und wisse, dass du entschieden hast, diese Begegnung zu erfahren, damit du die Gelegenheit hast, dich zu entscheiden, lichtvoller zu werden. Denn nur der Mangel an Licht erzeugt die Frage nach Licht und lässt den Menschen zurückkehren in das lichtvolle Sein, das er in Wahrheit ist.

Nun etwas zu den Wundern, über die du mich gefragt hast.

Schau, allezeit gab es Wunder, auch hier und jetzt, auch heute, auch du erfährst jeden Tag kleine Wunder. Warum es in dieser Zeit so selten geworden ist, wie du es formulierst, hat damit zu tun, dass die Wahrnehmung auf viele andere Dinge gerichtet wird. Auf Materielles, auf viele Dinge, die in eurem Verständnis als Schöpfung des Menschen erkannt werden und daher für euer Verständnis keine Wunder sind.

Doch schau, Mensch, du bist ein Wunder.

Alles, was dein Geist erschaffen hat, ist ein Wunder, denn alles, was existiert, existiert zuerst im Geist, und der Geist ist göttlich. So erfährst du jeden Tag Wunder.

Das wirkliche Wunder am Leben ist, dass du das Wunder des Lebens erkennst.

Dann erwachst du zu mehr Licht, und je mehr Licht du in dir trägst, umso mehr kannst du Licht wahrnehmen, umso mehr kannst du dann auch die Ausstrahlung der Menschen wahrnehmen, vielleicht auch Lichtwesen wahrnehmen, und das ist dann das Wunder des Erwachens.

Erkenne zuerst einmal, dass jedes Wesen, dem du begegnest, ein Lichtwesen ist.

Allein das ist Wunder genug.

Wenn du das wirklich erkannt hast, wahrhaftig erkannt hast, dann kannst du nur noch Liebe erzeugen, dann kannst du nur noch dem Weg des Lichts entgegengehen, und dann wirst du immer feiner sein in deinem Schwingen und die Wunder immer deutlicher erkennen.

Ja, du wirst selbst ein Wunder sein für alle Wesen, die dir begegnen.

Wunderbares Wesen, das du bist, sei gesegnet in dem Wunder, das Gott erschaffen hat, als er dich zum Ausdruck gebracht hat in deinem Sein, vollendet wie du bist.

Das Bewusstsein Vywamus-Lenduce

☆☆☆

Was bedeutet es, wenn man sagt: „Christus hat uns erlöst"? Wie können wir das verstehen?

Eine wichtige Frage. Wer oder was ist Christus wirklich?

Christus ist die vollendete Gleichheit Gottes, die Sohnschaft, die Tochterschaft Gottes. Christus ist der absolut göttliche Geist, der in allem weht.

In jedem Atom allen Lebens weht der Christusgeist, so auch in dir.

Jesus war eine Seele, die als Mensch den vollendeten Ausdruck der Sohnschaft Gottes auf dieser Erde in der Materie als erstes Wesen bewusst verwirklicht und verankert hat. Denn er lebte die Tatsache, die ewige Verbindung im Christusgeist zu fühlen, zu sprechen und zu handeln, in Vollkommenheit.

In dem Moment der Taufe am Jordan, als die göttliche Stimme sprach: „Seht, dies ist mein Sohn, den ich euch gesandt habe!", geschah durch das bedingungslose „Ja" von Jesus selbst dem Christus gegenüber und durch das absolute Erkennen, dass Christus in ihm ist, dass er selbst ein Ausdruck Gottes ist, die vollendete Verschmelzung mit seinem Höheren Selbst und darüber hinaus mit dem Kosmischen Christus, mit Christus selbst in ihm.

Es war also eine Bewusstwerdung vollendeter Natur.

Christusbewusstsein ist reinste, bedingungslose Liebe, und so war es ihm möglich, diesen Strahl der bedingungslosen Liebe zum ersten Mal in der Materie, auf der Erde vollendet zu verankern und zu allen Wesen zu bringen.

Daher hat er den Menschen erlöst, in dem Sinne, dass von diesem Zeitpunkt an genau dieses jedem Wesen möglich war. So könnt ihr alle über den Christusgeist, über das Christusbewusstsein, in diese vollendete Verschmelzung eintauchen, in jedem Moment.

Wie ich schon sagte, dies kann in einer Sekunde geschehen, wenn der Mensch sich dieser vollumfänglichen, universellen Liebe öffnet und sie in sich selbst er- und anerkennt. Und so hat er durch alles, was er gebracht hat, den Weg geebnet, um in der Verdichtung der Materie die Erfahrung der Liebe immer mehr wachsen zu lassen.

Liebe bedeutet Vergebung, und so ist der höchste Akt der Liebe der Spruch: „Herr, vergib ihnen, denn sie wissen nicht, was sie tun!", weil er in seiner unermesslichen Liebe und in der Verschmelzung mit dem Christusgeist, der Einheit, und durch das Christusbewusstsein erkannte, dass alles, was geschah, Liebe ist, und dass das, was der Mensch ihm antat an Schmerz und Leid, ein Mangel an Bewusstsein war und es darum geschah, weil die Menschen noch schliefen. Durch seine Liebe und Hingabe an seinen Lebensplan konnte er es den Menschen ermöglichen, aufzuwachen.

Denn gerade dieser Ausspruch, diese bedingungslose Liebe, ist es, diese vollendete Form der Vergebung, die den Menschen aufgeweckt hat, denn schau, mehr als zweitausend Jahre danach schwingt der Geist der Vergebung und der Liebe immer noch, und das immer mehr, auch wenn du es vielleicht jetzt nicht so erkennst.

Die Welt hat Fortschritte gemacht, tatsächlich, und im Großen und Ganzen gibt es heute mehr Frieden, mehr Vergebung, mehr Einheit, als es jemals zuvor der Fall war.

In der Zeit von und nach Lemurien und Atlantis war diese Liebe noch nicht verankert, denn alle diese großen Kulturen haben aufgehört zu existieren, weil diese bedingungslose Liebe noch nicht verankert und dadurch noch nicht im kollektiven Bewusstsein der Menschheit war.

Stell dir einmal vor, was sie bedeutet, was diese Form der Vergebung, diese Form der Liebe, die Jesus als Christus oder, anders gesagt, Jesus als Medium des Christusgeists oder, anders gesagt, diese vollendete Verschmelzung des menschlichen Jesus mit dem göttlichen Christus bewirkt hat, was dieses göttliche Wesen vollbracht hat auf dieser Erde: Dieser wahrliche Gottes Sohn hat euch die Türe geöffnet, denn diese Liebe ist nun da, und ihr müsst sie nur noch annehmen, und sie schwingt bis in die tiefsten Tiefen hinein.

Es gibt keine Sequenz im Universum, die nicht durchtränkt ist, es gibt keinen einzigen Atomkern, der ohne diesen Christusgeist, ohne diese bedingungslose Liebe, schwingt. Darum „Hinabgestiegen in das Reich des Todes"! Schau, in einem anderen Zusammenhang sagte ich: „Es gibt nur das Leben", und weil alles durchtränkt ist von dieser bedingungslosen Liebe, ist alles Leben.

So hat Jesus Christus mit seinem Lebensplan und mit der Erreichung seines Lebensziels und mit dem Klang seines Instruments, seinem erwachten Herzen, alles, was Materie oder tiefste Verdichtung ist, mit seiner Liebe durchleuchtet. Alles ist Leben und kehrt durch Bewusstwerdung zurück ins lebendig göttliche Sein.

„Am dritten Tage auferstanden." Das bedeutet, dass es eine Zeit braucht, bis alles durchtränkt ist, und dass auch du deine Zeit brauchst, um im Geist aufzuerstehen. Jesus Christus in seinem Sein war zu Lebzeiten im Geist auferstanden. So kannst auch du zu Lebzeiten im Geist auferstehen, ohne den Körper dafür abzulegen.

Doch hat er mit dieser unermesslich großen Liebe aufgezeigt, dass das Leben selbst, dass die Liebe selbst einen Körper transformieren und vollendet auferstehen lassen kann. So ist er aufgefahren in den Himmel in seinem Körper, der verfeinert, durchlichtet, verfeinstofflicht wurde.

Diese Verfeinstofflichung, diese Veränderung, war auch der Grund, warum ihn jene, die ihn kannten und denen er nach den drei Tagen begegnet ist, nicht mehr sofort erkannten, denn sein Körper leuchtete, weil er vollendet, durchlichtet, transformiert und dadurch in eine feinstofflichere Ebene hinaufgehoben worden war.

Die Bewusstwerdung des Geistes ist also in diesem Sinn die Möglichkeit, vollendet durchlichtet zu sein, und alles Sterben hat ein Ende, und alles, was bleibt, ist Leben und Liebe.

Sei gesegnet in deinem Christusbewusstsein, in der Verbindung zum Kosmischen Christus, und lass dich vom Christusgeist führen.

Das Bewusstsein Sanat Kumara in Verbindung mit Laotse

☆☆☆

Mein Wunsch ist es, den Kontakt zu den Lichtwesen so viel wie möglich zu spüren, sowie zu meiner inkarnierten Seele und zu meinem Höheren Selbst. Aber etwas hält mich immer wieder zurück. Könnt ihr mir etwas darüber sagen?

Frage dich, liebes Menschenwesen: Wie sehr liebst du dich?

Wenn du das Gefühl hast, dass du dich schon viel mehr liebst als früher, dann bist du auf dem richtigen Weg.

Dann frage dich, wie sehr du dich noch lieben möchtest? Wenn du sagen kannst: unendlich, vollkommen, dann hast du den Schlüssel zur Kommunikation mit uns gefunden.

In diesem Moment wirst du jeden Kontakt mit dem Himmel und den Lichtwesen haben. In jenen Momenten, in denen du dich unendlich liebst, weil du dann verstehst, dass du den Anspruch auf Kontakt mit deiner Heimat hast, weil du ein Lichtwesen bist, weil du mit uns eins bist, wirst du uns wahrnehmen.

Erlaube es dir und wirf jetzt jeden Gedanken, jedes Gefühl von Mangel an Selbstwert in den Schmelztiegel der Liebe, denn du bist es wert, in die Kommunikation mit den Lichtwesen, der Engel und der Quelle selbst einzutauchen.

Das Bewusstsein All-Liah und das Kosmische Herz

Über die Bestimmung dieses Buches

Ich freue mich, ihr Kinder, ihr Lieben, ich freue mich sehr, dass ihr so weit gekommen seid, dass ihr mit Ausdauer und Liebe dabei geblieben seid, die vielen Botschaften und Worte, die wir für die Welt und für alle Wesen vorbereitet haben und die in diesem Buch zusammengefügt sind, auf- und anzunehmen. Wir freuen uns auch darüber, dass ihr bereit seid, an euch selbst zu arbeiten, euch selbst so zu lieben und ernstzunehmen, dass ihr erkennen könnt, wie wichtig es ist, alle Schritte, die in diesem Buch angesprochen werden, selbst zu gehen.

Jeder von euch in seiner eigenen Schwingungsebene, mit seinen eigenen Möglichkeiten, kann dieses Ziel erreichen, diese Themen in sich integrieren und verinnerlichen, begreifen und so umsetzen und wieder ausstrahlen, dass es möglich ist, das Ergebnis zu empfangen. Dass alles, was verstanden wurde, vom Gesetz der Anziehung nun als Liebe, als Botschaft aus dem Licht, als Erfahrungssequenz zu euch kommen darf. Das heißt, ihr dürft nun aus der Fülle schöpfen, dürft nun ganz klar Schale sein.

Ihr alle, die ihr mit diesen Worten, die wir mit so viel Liebe aus dem Kosmischen Herzen zu euch gebracht haben, in ihrer unendlich vielfältigen Schwingungsform in Berührung kommt, könnt einen Weg der Entwicklung gehen – Kapitel um Kapitel, Schritt für Schritt, jeder innerhalb seiner eigenen Möglichkeiten, seiner ureigenen Entwicklung. Mit Freude betrachten wir bereits jetzt das Ergebnis von morgen, denn Raum und Zeit, erinnert ihr euch, sind immer jetzt, heben sich auf, aus dem Geist betrachtet, und so ist das, was Menschen ausstrahlen, wenn sie die einzelnen Themen in sich verstanden und integriert haben, bereits als Antwort schon wieder da, das heißt, in einer anderen Zeitspur bereits empfangen.

Wir freuen uns auf jene Zeitspur, in der wir erneut auf diese Weise mit euch kommunizieren können, und bereiten uns auf weitere Botschaften aus dem Licht vor.

Das Bewusstsein Vywamus

Ein Gebet für uns alle

☆☆

Ich bin das ICH BIN.
Ich bin das Licht und das Leben,
das sich zeigt in dir.

Ich bin das Licht,
das du berührst, wenn du mir Fragen stellst.
Und weil ich in dir bin,
antworte ich in dir, zu dir.
Und wenn ich dir antworte in dir,
empfindest du die Stimme,
meine liebende Stimme so nahe.
Dann bin ich dir so nahe,
dass ich du bin.
Und du denkst, kann es sein,
dass ich zu dir spreche?

Aber gerade diese Nähe, diese Liebe,
die dir selbst so sehr gleicht,
ist dieselbe Liebe, an der du misst,
wie nahe du mir bist
und wie sehr du mich verstehst.

So sei dir gewiss,
dass jedes Mal, wenn du mit mir sprichst,
wenn du mich berührst
und wenn ich dir antworte
als Gott,

als Herz,
als Bewusstsein,
als Engel,
als Meisterenergie,
oder als Mensch, der dir begegnet,
so bin es immer ich,
und so ist es immer die Antwort der Quelle.
Darum vertraue
und frage mich.

Frage mich, was immer du fragen möchtest.
Die Antwort wird dich finden.
Du wirst sie in dir vernehmen.

Deine eigene Kraft,
dein Kanal wird sich weiterentwickeln,
weiter öffnen, bis du dir vertraust.

☆☆

Das Bewusstsein der göttlichen Quelle

Schlusswort

Nun bitte ich dich, Liebes, lache!

So ist es gut.

Wie wir so oft während der Schulungszeit miteinander gelacht haben.

Auch wenn ich jetzt verschmolzen und eingetaucht bin in die Trinität meines Wesens, bin ich doch immer noch Vywamus, der gerne lacht.

Diese Verschmelzung ist wichtig für den Aufstieg der Erde, denn in dieser verstärkten Kraft kann die Energie Sanat Kumara die Erde emporheben. Es ist wie bei euch, wenn ihr euch verschmelzt, verschmelzt mit eurem Höheren Selbst, verschmelzt mit eurer Urseele, seid ihr vollkommener Ausdruck des Christus Logos.

Und so ist Sanat Kumara mit mir verschmolzen und mit Lenduce, der Urseele. Und die Schöpferenergie, aus der die Urseele Sanat Kumara, Vywamus Lenduce entsprungen ist, ist die Schöpfung Erzengel Gabriel, der entsprungen ist aus dem Christus Logos, der Bote des Wortes aus dem Licht. Daher auch dieses Buch: Botschaften aus dem Licht.

Denn nun seid ihr Menschen alle gesegnet, mit anderen Worten, ihr alle seid sozusagen schwanger. So, wie Gabriel einst in ihrer ursprünglichsten Form Mutter Maria die Botschaft brachte, dass sie den Erlöser in ihrem Schoß trug, so ist dieses

Buch die Botschaft an euch, dass ihr die Erlösung in euch tragt und dabei seid, in die Geburtswehen der Erlösung einzutreten. Auf dass der Erlöser, den ihr Erlöser nennt, erlöst ist, denn sein Plan ist vollendet, wenn ihr heimgekehrt seid.

Wenn das letzte Atom in die Liebe zurückgekehrt ist und die Liebe zurückkehrt in das letzte Atom der Erde, der Welt und in alle ihre Körper und Wesen: Dann ist die Liebe schwingend klar, wahr, bewusst verankert in allen Ebenen, Dimensionen, auf allen Planeten und Sternen, in allen Galaxien. Das ist Vollendung, das ist Frieden, und dieser Frieden, den ihr in euch tragt, mit ihm seid ihr schwanger.

Das Bewusstsein Sanat Kumara Vywamus-Lenduce

Danksagung

Ich danke meinen beiden Kinder Melanie und Massimo. Sie haben mich gelehrt, an meine eigenen Fähigkeiten zu glauben. Durch sie konnte ich mich der Geistigen Welt immer mehr öffnen. Meine Kinder waren für mich die besten Lehrer, um zu begreifen, dass es wichtig ist, eine geerdete, natürliche, liebevolle Spiritualität zu entwickeln. Sie haben mich immer wieder mit dem Alltäglichen des Lebens verbunden und waren dabei auf natürliche Weise offen. Meine Kinder sind das größte Geschenk meines Lebens.

Die große Liebe, Offenheit und Fürsorge meiner Eltern gaben mir eine vertrauensvolle und lebensbejahende Stärke auf meinem Weg. Ihnen danke ich ganz besonders.

Mein Dank geht auch an alle meine Geschwister, ganz besonders aber an meine Schwester Sigrid und meinen Bruder Viktor und meine Freundin und Schwägerin Maja, die immer an mich geglaubt haben; welche Wege ich auch immer einschlug und welche Entscheidungen ich traf, sie waren für mich da.

Herzlichen Dank auch an alle meine langjährigen Freunde und Freundinnen, Schüler, an die Teilnehmer aus den Meditationsgruppen und alle, die meine öffentlichen Channelings besucht haben. Sie alle haben mich über viele Jahre mit ihrer Freude an meiner Arbeit unterstützt.

Ich danke der lieben Romana ganz besonders für die vielen Stunden, die sie mit mir am PC gesessen, eingetippt und formatiert hat. Sie hat dieses mit Freude und Hingabe getan und so einen großen Beitrag geleistet, damit ich das Buch, das die Lichtwesen durch meinen Kanal auf die Erde gebracht haben, umsetzen und vollenden konnte. Sie hat die meisten Texte gelesen und mich beraten. Auch war sie bei allen Channelings für die Einführung in die einzelnen Themen dabei und hat ihre Liebe mit hineingegeben. Wir beide durften gerade in der Zeit der Kapitel-Channelings durch die Geistige Welt viel Entwicklung, Befreiung und Heilung erfahren. Unser Leben hat uns zur Erfüllung unserer individuellen Wünsche geführt. Danke!

Vielen Dank all jenen, die mir geholfen haben, die vielen Tonträger mit gechanneltem Material abzutippen, um sie einem breiten Publikum zugänglich zu machen. Sie haben es mit viel Freude getan und waren mir eine große Hilfe.

Vielen Dank auch an Christian, Cornel, Romana, Simone und Hanspeter und meinen Mann Daniel. Sie alle haben die schriftlich eingesandten Fragen während der Channelings gestellt.

Einen lieben Dank auch meinen Sponsoren Cornelia, Helene, Christian und Barbelin, die mir durch ihren Beitrag insgesamt 1 1/2 Monate Zeit zum Schreiben und Channeln geschenkt haben.

An dieser Stelle ganz besonderen Dank an Christian Fitze, der die öffentlichen Channelings mit seinem Hackbrett musikalisch unterstützt und mit mir Meditations-CDs aufgenommen hat. Er war stets eine liebevolle Inspiration für mich.

Danke auch meinem lieben Mann Daniel und meinem Bruder Viktor, sie haben alle Texte geduldig immer wieder gelesen und so alle kleinen und großen Rechtschreibfehler korrigiert.

Lieber Daniel, du hast mir in dem Jahr, in dem wir nun schon zusammen sind, immer wieder Vertrauen und Ermutigung gegeben und viele kleine und große administrative Tätigkeiten abgenommen. Durch diese Hilfe konnte ich mit viel Freude das Buch am 31.12.2009 mit dem letzten Punkt vollenden. Ich bin der einen Großen Seele so dankbar, dass sie dich zu mir gebracht hat.

Ich danke auch allen, die Fragen geschickt haben, die in diesem Buch beantwortet werden. Es freut mich ganz besonders, dass Groß und Klein, Kinder, Teenager und Erwachsene so viele gute Fragen gestellt haben. Dadurch wird dieses Buch zu einem spannenden und vielfältigen Sammelsurium von Antworten über Fragen unserer Zeit.

Ein ganz großes Dankeschön an den Smaragd Verlag, der es möglich gemacht hat, dass dieses Buch erscheinen darf, an alle, die mitgewirkt haben, und ganz besonders an das ganze Universum, an die licht- und liebevollen Bewusstseine der Aufgestiegenen Meister, Engel und Erzengel und an das Kosmische Herz selbst, denn ich habe durch diese Arbeit so viel Befreiung und Wachstum erfahren, dass ich dafür keine Worte finde. Ich bin erfüllt und dankbar für die Schönheit des Lebens und den Frieden, den ich empfinde.

Nun freue ich mich auf meine neue Aufgabe als Großmami und bin erfüllt und dankbar für die Schönheit des Lebens und den Frieden, den ich empfinde.

Ich liebe euch alle.

Bernadette

Marianna Kehrwecker
Djwahl Khul
Nur ein Schleier trennt euch vom Licht
376 Seiten, A 5, gebunden, mit Leseband
ISBN 978-3-941363-23-6

„Das Zentrum Allen Seins, das da war, ist und immer sein wird, ist ewig und immerwährend. Es ist überall. Ihr nennt es den Ursprung des Lebens, die Schöpferkraft, die Quelle, das ICH BIN, Gott – es ist unfassbare Liebe und Licht. Ihr aber seid Teil dieses Zentrums Allen Seins – und nichts kann euch letztlich davon trennen in ewiger Zeit. Der Ort eurer Verbindung aber ist euer Herz, eure liebende Wahrnehmung."
Meister Djwahl Khul spricht klar, liebevoll und aufbauend in eindrücklichen Bildern zu uns. Wenn du diese Worte in dich hineinlässt, diese Liebe erlaubst, berühren sie dich im Innersten und wecken Wandlungskraft, damit wir alle wieder Engel auf Erden werden. Auch du!

Birgit Maria & Peter Niedner
Gesetze des Alls
680 Seiten, A 5, gebunden, mit Leseband
ISBN 978-3-938489-55-0

Im Auftrag und mit ständiger Führung durch die Geistige Welt entstand dieses Buch über die Universellen Gesetze. Drei Jahre arbeiteten die Autoren, um dieses Werk in die Manifestation zu bringen, da es ein großes Anliegen der Geistigen Welt war, Wissen unter uns Menschen zu bringen und das Wissen der Gesetze, die all überall Gültigkeit haben, in unseren Köpfen zu verankern, wir sozusagen die Möglichkeit erhalten, dieses allumfassende Wissen zu integrieren und es zu leben. Zu diesen Gesetzen gehören u.a. Gesetz von Ursache und Wirkung, Gesetz der Polarität, Gesetz der Anziehung. Die Aufgestiegenen Meister Jesus Sananda, St. Germain, Serapis Bey, Hilarion u.a. sowie die Erzengel Michael und Metatron ziehen durch die Art ihrer Sprache den Leser von Anfang an in ihren Bann.

Kerstin Simoné
Thoth im All-Tag
Arbeitsbuch für die Jetztzeit
232 Seiten, A5, gebunden mit Leseband
ISBN 978-3-941363-37-3

Thoth offenbart uns in diesem Arbeitsbuch alle wahrhaftigen Schätze der gelebten Weisheit für die Jetztzeit und geleitet sie in einer wundervollen und leicht verständlichen Art für jeden Interessierten zur Anwendung. Anhand vieler verschiedener Übungen werden die Schwingungsfrequenzen deutlich erfühlt, und jeder erhält dadurch die Möglichkeit, zu wahrhaftiger Meisterschaft innerhalb der Materie zu gelangen. Gleichsam werden die sieben Siegel und die damit verbundenen Schöpfergötter klar und deutlich innerhalb dieser Übungen offenbart und die Pforten, die in uns selbst liegen, mit unbeschreiblichen Frequenzen erfüllt.

Daivika
21 Stufen zur Göttlichkeit
Einweihung in die Strahlenkraft der Elemente
96 Seiten, A5, broschiert, vierfarbig
ISBN 978-3-941363-28-1

RA nimmt uns mit auf eine Einweihungsreise in die Kraft der acht Elemente. An der Hand von SANANDA wandern wir weiter auf einem neuen Weg, dem Einweihungspfad in das Bündnis der Weißen Bruder- und Schwesternschaft. In Begleitung von MEISTER KUTHUMI schreiten wir an das Lichttor, dem Eintritt in eine für uns völlig neue Welt. Geleitet über die „21 Stufen zur Göttlichkeit" begegnen wir noch einmal den Lenkern der acht Elemente: EL MORYA, KONFUZIUS, SERAPIS BEY, HILARION, LADY NADA, SAINT GERMAIN, MAHA COHAN, MAITREYA, SANAT KUMARA. Sie alle bereiten uns vor auf unsere eigene göttliche Mission, denn am Ende dieses Weges werden wir, wenn es dem Wunsch unseres Herzens entspricht, in den Bund der Weißen Bruder- und Schwesternschaft aufgenommen und erhalten den Ring der weißen Rose.

Elke Fahrenheim
Die Schule des Lebens von Gott
Gespräche mit den Seraphim
336 Seiten, A5, gebunden, mit Leseband
ISBN 978-3-941363-29-8

In Liebe leben – wie geht das eigentlich? Wie und wo finden wir Gott in uns? Wie können wir mit Gott sprechen? Gibt es einen Platz in unserem Inneren, von dem aus sich die Liebe vergrößern lässt? Wie verstehen wir das irdische Leben besser? Was ist der Unterschied zwischen irdischem und göttlichem Denken? Wie kommen wir mit der göttlichen Essenz in Kontakt? Was war vor unserer Inkarnation?
Öffnen wir unser Herz für die Botschaften der Seraphim, wird es uns möglich, Gott auf eine ganz neue Weise zu erfahren und eine tragfähige Beziehung zu ihm aufzubauen.

Michaela Ghisletta
Der Wandel vom Ich zum Wir
160 Seiten, A5, broschiert
ISBN 978-3-941363-30-4

Wie oft definieren wir uns über das Außen, über unseren Beruf, welches Auto wir fahren, über unsere Wohnsituation oder wie wir aussehen? Spiegelt unser Außen wirklich unser wahres Empfinden, unser wahres Sein wider, oder ist es nur eine Illusion, die wir um uns herum aufgebaut haben?
Wie viele Menschen wissen überhaupt, wer sie sind? Weißt du es?
In diesem Buch findest du Impulse, Meditationen und Rituale, wie du besser erkennen kannst, wer du bist. Wenn wir wissen, wer wir sind, brauchen wir nicht mehr zu kämpfen, um uns zu beweisen. So entsteht Harmonie, erst in uns selbst und dann auch im Außen. Das ist die Neue Zeit. Sie beginnt jetzt!